読んで旅する
よんたび

大人の東京ひとり散歩

いつもの街をもっと楽しむ

鈴木伸子

大和書房

大人の東京ひとり散歩

目次

ひとり散歩は楽しいことだらけ

ガイドの仕事でわかった、私以外の人の東京の歩き方 ―― 15
〝ひとり散歩〟には、それなりのノウハウがある ―― 19
ひとりで歩いて見えるもの、効用 ―― 22
自分の歴史、街の歴史と対話する ―― 23
外国人観光客の視点やサービスを活用しない手はない ―― 25

気ままに歩いて、ときどき乗って

神楽坂　ひとりで石畳の路地をさまよう ―― 30
いつの間にか、東京有数の美食の街に ―― 31
味わうべきは、花柳界の雰囲気を感じられるエリア ―― 32
学生街、お屋敷街を経て、東京のプチ・パリへ ―― 37

メインストリートだけじゃない 銀座深掘り散歩 41

最新情報は、地元の情報通に聞くに限る 44

本物と、歴史的な深みを味わえるのがこの街の醍醐味 46

思い出と、自分と語り合うひと時 49

六〇年代若者文化の中心だった 新宿を求めて 51

音楽、演劇、アートがとてつもなく熱かった時代 52

紀伊國屋をはじめ、新宿三大老舗は今も健在 54

喫茶店、レストランはこの街のカルチャーサロン 56

長く馴染んだ街の姿を見納める時期がやってきた 58

神保町古書店街の歩き方 62

単独行動が古書探しの基本 63

B級グルメと喫茶店も探究したい 65
神保町の老舗店主はみんな江戸っ子 68

都電荒川線で、昭和の懐かしい街を訪ねる 72

大塚は意外にいい店うまい店が多い 73
旧中山道沿いを歩いて歴史を味わう 76
飛鳥山、王子を過ぎると荒川区に突入 78
終点・三ノ輪橋は「三丁目の夕日」の世界 80

東京のローカル線、東急多摩川線で鉄道マニア入門 83

令和の東京に残る木造駅舎に感激 86
工業地帯、遊郭跡の名残を求めて 89
終点・蒲田で、さらに鉄道趣味を追求 91

「好き」を求めてどこまでも

下町の洋食屋さんで
〃孤独のグルメ〃体験にチャレンジ 96
大学生の時初めて訪ねた下町・人形町 97
食の街・人形町の魅力にどっぷり 99
浅草で満腹になった後は、スカイツリーを徒歩で目指す 102
日本橋の気取らない名店・たいめいけん 103

小田急線、東急世田谷線沿線
パン屋さんめぐり 107
代々木八幡、代々木上原は人気のパン屋さん密集地帯 109
路面電車に乗ってディープ世田谷へ 112
幅広く奥深い世田谷のパンの世界 116

お風呂も散歩もゆったりと
銭湯を目的地にするひとり散歩 120
人気クリエーターがデザインした「黄金湯」目指して錦糸町へ 122
高円寺には今も、〝東京のインド〟の残り香が 126
伝統と革新が持ち味、中央線の老舗銭湯「小杉湯」 129

年間パスポートは、なかなか
使い出のあるひとり散歩ツール 132
年間パスを入手して、上野動物園の利用の仕方が変わった 133
季節ごとに訪ねて知る小石川植物園の真価 135
都内の名庭園に通い詰めるという野望も 138

美容室遍歴とともに、散歩のエリアは広がり 141
美容室帰りの、六本木、銀座、南青山散歩 143
中目黒では、お屋敷街を探検し、商店街で買い物も 145

一生もののコーヒーテーブルを探して、古家具店をめぐる 149
東北沢の時代和家具の老舗を目指す 150
学生時代からの馴染みの街、西荻窪をさまよう 152

見たい、知りたいと向き合う時はひとりで

人生で何度も読み返してきた、漱石作品と向き合う 160
「坊っちゃん」の虜になった小学生の頃 161
早稲田は、漱石の生地であり、終焉の地 162
千駄木の旧居跡、そして本郷に、漱石の文学世界を追う 165
今も変わらない三四郎池の風景 168

荷風の「日和下駄」に倣って、東京をひとり歩く 172
明治、大正から不変の散歩の神髄 173
小石川は、荷風の散歩力、土地への感受性を培った場所 175
坂の上下の街並みを味わう 178
大久保余丁町の家周辺は監獄、刑場 180
「断腸亭日乗」を書き始めた地 182
あこがれの人、向田邦子の面影を探して 185
昭和のキャリアウーマンであり、売れっ子脚本家、作家 186
南青山で行きつけだった店を探す 188
母校・実践女子大学にその遺品を見にゆく 190
日常食も贅沢、グルメだった向田さん 192
建物も楽しむ、東京の美術館 195

ゆっくり、じっくり見るためには、ひとりで 196
都心に移転した静嘉堂文庫で名刀と対峙する 198
新生オークラに、リニューアルした大倉集古館 201
大使館、教会の向こうにそびえる最新トレンドスポット 203

もはや図書館は、本と出会うだけの場所ではない 206

八丁堀にできていた〝本の森〟 207
都立日比谷図書館は、千代田区立の図書文化館に 210
渋谷区中央図書館で出会った意外なお宝 211
郷土資料、専門の図書館のありがたさ 213

大学キャンパスを歩めば、さまざまな知的発見に出会う 215

見どころだらけの早稲田大学構内 216

地下鉄、バス、馬場歩きか、都電か 221

急坂を上っての神社詣では、地形散歩でもあり 227

愛宕神社参詣は、出世の石段を上って 228
エスカレーターでも到達できる、山王さまの本殿 230
古から、神社の門前坂下には茶屋や岡場所が 233

ひとり、水辺を訪ねて、心と精神を浄化する 236

時折り訪ねてみたくなる水辺風景 237
神さまが宿る池は、やはり神秘的 240
荒川、多摩川の河川敷の楽しみ方 242

おわりに 246

ひとり散歩は
楽しいことだらけ

散歩、まち歩きにひとりで出かけることはありますか？　日々の買い物や、何かの用事で出かける時はひとりが多いけれど、たとえば銀座にショッピングに行ってみようという時、神楽坂や谷中・根津・千駄木のまち歩きが楽しそうという情報をテレビや雑誌で見た時、ひとりで出かけるよりも、家族と、お友だちと行ってみようと思う人が案外多いようなのです。

そんな時、断然「ひとり派」の私は、迷わずひとりでさっさと出かけていきます。東京まち歩きは私の仕事である原稿執筆の主なテーマでもあり、新しくできるもの、なくなるものが多い東京の街に関して、常に最新の情報を得ておかなければという必要もあるので、しょっちゅうひとりで出かけているのです。それ以前にまず、私自身が外出好きなので、暇さえあればどこかに行っているということなのだと思います。

ひとり散歩は、私が長年従事していた雑誌「東京人」の編集時代に培われた〝技能〟でもあります。毎月毎月東京のいろいろなテーマを取材、編集するのが仕事。

取材のための下見、撮影のロケハンなどには当然ひとりで出かけます。それを二十三年間やってきて、都内各地の土地勘や、まち歩きのノウハウもずいぶんと蓄積されました。

四十代なかばで「東京人」を発行している会社を辞めることになり、その後はフリーランスとして編集や執筆の仕事をするようになりました。それまでは東京都内のみをフィールドとすることを課されてきたのですが、日本全国のさまざまな土地に行くようにもなり、以後は東京を客観的に見る視点を持てるようになったかもしれません。そして、毎日会社に行かなくてもよいので、ますますひとりでどこにでも出かけていくようになり、今や私は「糸の切れた凧」状態となっています。

ガイドの仕事でわかった、私以外の人の東京の歩き方

今から六年ほど前、初めてまち歩きツアーのガイドという仕事をすることになりました。それまで、大人数のお客さまを率いて街を案内したことなどなかったので、そんなことできるのだろうかと躊躇しましたが、私の本業である原稿を書く仕事で

お世話になっている方からの依頼。断れません。

思い切ってガイド役に挑戦してみた神楽坂のまち歩きツアーには、なぜかたくさんの方々が参加してくださり、当初は二十人×二回の予定でしたが、どんどん希望者が増え、そのたびにコースを増設。結果的に七回同じコースを回りました。

アンスティチュ・フランセ東京（東京日仏学院）があることなどで〝東京のパリ〟と言われる神楽坂のまち歩きコースは、老舗ビストロでの夜のお食事付きですが、参加費は結構高額で、その金額に見合うガイド内容を私が果たして提供できるのだろうかと、かなり不安に思ったものです。

神楽坂は、長年勤めていた「東京人」の編集部にも近く、土地勘もありましたし、行きつけのお店もたくさんありますが、初めてこの街を歩く人にも、見どころ、魅力、意外な情報、穴場などを楽しんでもらうにはどう案内したらよいか、迷いながらも下見に出かけてルートを選定。より興味を持ってもらえそうな案内の切り口を考えて現場に臨みました。

ツアー後の食事時間、「今日のまち歩きはいかがでしたか？」と恐る恐る伺ってみたところ、「自分ひとりで来たら、こんなにあちこち行ってみることができなかった」「こんなところ、入っていっていいのかと思うような路地を歩いたのがおもしろかった」「ルートの途中にあった予約の取れないというレストランに行ってみたい」などといった声があり、多くの人は、観光やまち歩きに出かけても、案外、メインストリート的な場所だけを歩いて帰ってきているらしい、ということに初めて気づいたのです。

翌年も同じ会社から谷中・根津・千駄木のツアー案内の依頼があり、またまた予定回数以上開催することになり、前回参加してくださった方が再びいらしてくださったりして感激。しかしその一方で、自分はまち歩き案内の原稿など書きながらも、それを読んだ読者は実際にひとりで街を歩くことができたのだろうか、ずいぶん不親切な書き方をしていたのではないかと、大いに反省したりもしたのです。

自分は、行ってみたい場所と地図さえあれば、興味のあるところを目指してずんずん歩いていくことができるけれど、もしかしてこれは私特有の図々しさなのか？特殊能力なのか？

その後、また別の方からまち歩きツアーガイドの仕事の依頼があり、こちらも以前に執筆の仕事でお世話になった方からでした。何かマニアックなテーマを追求するツアーを企画してほしいとのことで、私がここ十年ほど興味を持って追求している、日本の高度経済成長期である一九六〇〜七〇年代に建設された築五十年前後のビルをめぐるというのはどうかと提案したところ、そうした「シブいビル」を見て歩くツアーを始めることになったのです。

こんなことに興味を持つ人がいるのだろうかと恐る恐る始めたツアーには、意外にも大勢の方が参加してくださり、当初の御茶ノ水・神保町コースに加え、有楽町・新橋、新宿、中野、銀座、池袋、四ツ谷・麹町、青山と、コース数もどんどん増えて、毎回参加してくださる常連さんもいらっしゃいます。

こちらのツアーの参加費は、単行本三冊分ほど、ちょっとした豪華なランチがいただけるくらいの金額で、それに見合う内容を提供しなければと、こちらも毎回必死です。

もはやまち歩きガイド業は、執筆、編集と並んで私の主な営業分野になりつつありますが、そのルート選定、ツアー後に改めて歩いてみる時のヒントなども、よりわかりやすく、楽しんでもらえるように伝えなければと心がけるようになったのは、この仕事から得た大きな教訓です。また、毎回参加してくださった方からの反応が直に伝わってくるので、ありがたいことに、執筆・編集業のマーケティングにもなるのです。

〝ひとり散歩〟には、それなりのノウハウがある

そんな経験を経てきたところで、この本では、私が図々しさと自由さ、好奇心で培ってきたさまざまなひとり散歩ノウハウを、わかりやすくお伝えしたいと思っています。

散歩、まち歩きをより楽しむためには、まずはひとりで出かけてみることです。大人数の方々を率いてまち歩き案内をするようになった私が言うのはなんだか矛盾していているのですが、散歩の楽しみを深めていくには、断然、ひとり散歩がおすすめなのです。

その理由は数多くあります。友人同士でも夫婦でも、一緒に歩いていると会話や連れの反応なども散歩の一部となります。そもそも、誰かと一緒の散歩や旅は、みんなで同じ体験をすること自体が楽しいわけでもあるのですが。

一方で、ひとりで歩くと、ひとりだからこそその街の見え方、見つけられるもの、体験できることがあり、そして、自分自身との対話もできるという効用があります。ひとり散歩は、より街に集中できる。見えてくる景色も、そして体験さえも、誰かと一緒に歩く散歩とは全然別のものになるのです。

それを意識して〝ひとり散歩〟に出かけると、今まで歩いていた街や初めて出かける場所での経験がまた違ったものになるはず。まずは〝修行〟だと思って、ひとりでどこかに出かけてみましょう。

ひとり散歩ならではの楽しさ、そしてメリットとは何かと改めて考えてみました。まずは、いつでも思い立った時に出かけていくことができることでしょう。何歳になっても忙しい人はいると思いますが、たまたま時間の空いた休日、ひとりでもどこか行きたい場所、出かけたいという意志さえあれば、それだけで楽しい体験ができるのです。いつまでも、誰かと一緒でなければ出かけられない、ひとりではどこに行ったらいいか、どこを歩いたらいいかわからないと思い続けていると、長いようで短い人生、楽しめるはずの機会を数多く逸してしまうのではないでしょうか。

散歩の場数が増えると、だんだん街の歩き方のコツもわかってくるし、今まで行ったことのある場所から、さらにその先へと足を延ばしてみることにもつながります。そして、なんとなく街の骨格がわかったら、さらに横丁に、裏道に分け入ってみると、今まで知っていたつもりの街の見え方も変わってくるはずです。

例えば複数人で歩いている時、誰かと二人で歩いている時は、一緒にいる人と時間と空間を共有することになります。しかし、ひとり散歩の場合、歩みを進めるにつれて見えてくるものに関して、近頃流行りの言葉で言うとイマーシブ（没入感）が高まり、また別の体験になるのです。ひとりで歩くことによって、街から得られる情報量は一気に増えるはず。そして、自分の興味の赴くまま、行き先を変更しても問題なし。

数年前、それこそ何十年ぶりに二つ違いの妹と二人で京都に旅したのですが、私がいつものひとり歩きの癖で、「あれ何だろう」「このお店見たい」としょっちゅう立ち止まったり寄り道するので、しまいには妹が「まっすぐ歩けないの？」「寄り道するにも、ほどがある」と怒り出す始末。それまで自覚したことはなかったのですが、やはり私にはかなりのひとり散歩癖がついているようで、妹など、気を使わなくてよい相手と歩いている時は、それがそのまま出てしまうようなのです。

しかし、ひとりで街を歩くなら、寄り道しても、目的地を変更しても、誰もそれに文句を言う人はいません。だんだんに〝ひとり散歩力〟を高めて、街を存分に楽しめるようになってください。

ひとりで歩いて見えるもの、効用

そして意外に重要なのは、歩く方向です。例えば、銀座通りを一丁目から八丁目に向かって歩くのと、八丁目から一丁目に向かって歩くのでは、視界に入ってくるものがまったく異なります。

人は案外そのことに気づかず、一度出かけた場所は一方向から歩いただけで行ったつもりになってしまうもの。旅先で初めて訪ねる街も、今まで知っていると思い込んでいた都心の街も、ひとりで往復して歩いてみることで、街の見え方が異なり、新たな発見ができるものです。

この、同じ道を違う方向に往復してみるということも、誰かと一緒だとなかなかむずかしいもの。ひとり散歩の機会に、ぜひ試してみてください。

そして、散歩はおおいに精神をリフレッシュさせてくれるものです。たまに原稿の締め切りに追われ、朝から晩まで出かけずに机に向かわざるを得ないことがあるのですが、そうなると、ますます執筆に行き詰まることに。そんな時、よんどころない理由で外出することがあると、外を歩いているだけで、脳がすごい解放感を得ていることを実感します。

私自身が科学的に実証するのは困難ですが、人は移動することにより、次々に視界に入ってくる情報で、脳内をリフレッシュしているのではないでしょうか。そうして、外出や散歩から戻ってくると、頭がリセットされて仕事も進むことを実感。そんな体験から、私は毎日、用はなくても必ず一回は散歩に出かけるのを習慣、目標とするようになりました。

自分の歴史、街の歴史と対話する

最近思うのは、人生五十年以上が過ぎ、それなりに長く生きてきたなと感じると、今まで知っていた街の姿を歴史観を持って見るようになったということです。例えば近年は、子どもの頃にできた街並みや建物が再開発などで失なわれ、今まで知っていた街がすっかり変わり果ててしまったということを感慨深く思いますし、麻布台、虎ノ門、湾岸部などに新しい街が次々に建設され、東京という都市がどんどん広がり、変化していることも実感します。そして、なくなり、変わっていくものが多い中で、今後も永遠に東京に残り続けるものもあるということも、だんだんとわかってくるのです。

そんなことを感じ、考えながら街を歩くことができるのは、この都市で長く生きてきた者ならではの特権。高度経済成長期、バブル経済期、そしてその後の崩壊期など、自分の人生のさまざまな年代における街の姿を思い出しながら東京各地を歩くことも増えてきました。そうして、自分自身と語り合いながら街を歩くには、やはり「ひとり散歩」が最適でしょう。

一方で、この五十年ほどの間には、鉄道の路線、お店やレストランの数も情報も増えて、今ではその変化に追いつくのが大変です。新しいものばかりではなく、なくなるものも多く、今はあっても来年にはなくなっているという建物や街並みも数多くあるはず。

私が十代、二十代の頃は、白物家電やオーディオ製品を販売する電気街だった秋葉原は、アニメやゲームなどが集結するサブカルチャーの街に。そして国内の大メーカーのショールームや地元の老舗の並んでいた銀座は、海外ラグジュアリーブランドと高級腕時計店の並ぶインターナショナルなショッピング街と化しています。

東京の変化は年々激しくなり、追いつくのも大変です。この変化を楽しみ、同時に変化を惜しむために、時間と機会があるごとに、ひとりでも果敢に散歩に出かけてみることが、この都市を深く味わうことに繋がるのではと、年々実感しています。

外国人観光客の視点やサービスを活用しない手はない

そして、ひとり散歩にぜひ活用してほしいのは、近年、インバウンドを意識してなのか都心のあちこちにできている観光案内所です。銀座や日本橋、渋谷、浅草、両国などの街角や駅前、各区の区役所や公共施設にある場合もあり、ここでは、まち歩きのヒントになるパンフレットや地図を無料でもらうことができます。情報が細やかだったり、常に更新されていたり、お金を出して買うガイドブックよりも役立つものも多く、私もかなり頼りにしている情報源です。また、地図に関しても、ネットの地図よりも、紙ならではの見やすさ、使い勝手のよさを実感します。

この観光案内所の活用術は、地方を旅していて気づいたことで、初めて訪ねる街では、まず駅前にある観光案内所に行って、その街の地図や観光ガイドをもらい、案内所の人にいろいろ質問、相談してみると、街の歩き方のプランがなんとなく浮かんでくるようになったのです。案内所の人は皆親切で、尋ねたこと以外にもいろいろとおすすめ情報を教えてくれたりもします。

銀座の観光案内所で以前に教えてもらったのは、「銀座でしか買えないおみやげ」情報でした。和菓子なら最中で有名な「空也」、洋菓子なら「ピエスモンテ」が、銀座のお店以外にどこにも支店を出していないお菓子屋さんなのだとか。どちらも商品もブランド力もある魅力的なお店ですが、改めて銀座でしか買えないと教えてもらうと、そのありがたさも一層増してくるように思えて、久しぶりにピエスモンテに寄って、カスタードクリームのおいしいシュークリームをおみやげにしてみました。

「東京を初めて歩くわけでもないのに、わざわざ観光案内所に行かなくても」とは思わずに、気軽に立ち寄って素朴な疑問をぶつけてみると、街の魅力をより楽しめるきっかけをもらえるはずです。

そして、これは多くの人が感じていることでしょうが、ここ数年来、東京でこんなに数多くの外国人観光客を見ることは今までありませんでした。

さらに驚くのは、彼らが楽しんでいるのが、渋谷のスクランブル交差点や、銀座のとんかつ屋や稲庭うどん店、二十四時間営業の「ドン・キホーテ」での深夜の買い物だったり、私たちが意外に感じる場所であることです。

彼らは、私たちが気づかない東京の穴場を教えてくれる存在なのかもしれず、最近の私のひとり散歩のテーマは、外国人観光客を見かける意外な場所。そして彼らが何を目的としているのか見て歩くことなのです。これは、ひとり散歩でなくては、なかなかできないあやしい行動。ひとりならではの自由さで、いろいろと東京のおもしろさを追求してみてください。

気ままに歩いて、
ときどき乗って

神楽坂　ひとりで石畳の路地をさまよう

この二、三十年ほどの間に大変貌した東京の人気まち歩きエリアの一つが神楽坂でしょう。私が新卒で入社した雑誌「東京人」の編集室は飯田橋にあり、恥ずかしながら、私はそこに通うようになって初めて、JR飯田橋駅西口のすぐそばが神楽坂下だということを知ったのでした。それ以後、「東京人」編集室に勤めていた二十年間以上、自宅にいるよりもはるかに長い時間を、この飯田橋と神楽坂付近で過ごしてきたので、いまだにこの界隈にはとても愛着があります。

一九九六年には東京メトロ南北線の飯田橋駅が、二〇〇〇年には都営地下鉄大江戸線の牛込神楽坂駅が開業し、界隈の交通アクセスは一段と向上。〇七年には倉本聰《そう》脚本、人気グループ「嵐」の二宮和也主演の神楽坂を舞台とするテレビドラマ「拝啓、父上様」が放送されるといったことが続いて、この街を目指す人が一層増えたようです。

神楽坂の魅力は、坂道沿いに街が広がっている地形のおもしろさ、花柳界のある街ならではの艶っぽさ、そして坂の近くの市谷船河原町にフランス政府の文化機関「東京日仏学院」(アンスティチュ・フランセ東京)があるといった理由で〝東京のパリ〃と呼ばれてきたことなど、いくつも挙げることができます。

いつの間にか、東京有数の美食の街に

レストランの数も、ひと頃より増え、フレンチ、イタリアン、和食に中国料理と、予約の取れない人気店、ミシュラン三つ星の高級店など、店のバラエティの豊富さ、レベルの高さも都内有数という美食の街に。この界隈にお店を出そうとしてもなかなか物件が見つからない飲食店激戦区になっているようです。

誰かと訪ねても当然楽しい街ですが、ひとり散歩で街のすみずみまで歩き、坂や路地の多い土地をじっくりと味わい、その道すがら気になるお店があったらとにかく全部入ってみる、欲張りなまち歩きをしてみてはどうでしょうか。

神楽坂をくまなく歩くのにまず用意したほうがいいのは、一つ一つの路地や坂の名前までが詳しく書いてあるまち歩きマップ。スマホのグーグルマップや、書店で売っている区分地図には、そのあたりの情報が今ひとつ不足しているのです。

ネットの検索に「神楽坂　マップ」と入れて画像検索を選ぶと、詳しいまち歩きマップがいくつも表示されます。気に入ったものをスマホかタブレットに保存するか、できればプリントアウトして、前もってだいたいのルートと、重点的に探索したいエリアを決めておくといいと思います。そして、行ってみたいお店、レストランなども、このマップに書き込んでおくか、グーグルマップの「行ってみたい場所」に保存しておくと、効率的に街を歩くことができるでしょう。

味わうべきは、花柳界の雰囲気を感じられるエリア

スタート地点は、神楽坂下がおすすめ。坂下から神楽坂をまっすぐに上っていって、上りきった大久保通りとの交差点の神楽坂上までが、花柳界や、この街の老舗が主に分布しているエリアです。

兵庫横丁。料亭や古民家を利用した飲食店が石畳沿いに並ぶ

昭和三十年代に地下鉄東西線建設の計画が発表された時、地下鉄が通ることにより街の雰囲気が損なわれると、地元や花柳界から激しい反対運動が起きたのだとか。それに加えて、花柳界の中心地区とは離れた赤城《あかぎ》神社の近くに設けられる駅に神楽坂駅という名前が付くことにも相当反発があったという話を、地元の飲食店店主さんに聞いたことがあります。

しかし、それから五十年以上の時が過ぎ、坂下から神楽坂駅あたりまで、街の雰囲気とにぎわいは一体化しているように思えます。今、ここに散歩、まち歩きにやってくる人に、地下鉄神楽坂駅の名前に違和感を持つ人はいないのではないでしょうか。

神楽坂といえば、花柳界があることが魅力だと思う人が多いでしょう。それを味わうために最初に訪ねてみたいのは、石畳の路地が続く、料亭の点在しているエリア。そして、この街の要、坂の中腹にあるお寺、「毘沙門天《びしゃもんてん》・善國寺《ぜんこくじ》」と、神楽坂駅近くの「赤城神社」という宗教空間です。

現在、神楽坂芸者のお出先である料亭は四軒。それらはすべて、坂の中腹の北側、神楽坂仲通りと兵庫横丁の間に存在しています。一方、芸者さんの取次事務所であり、踊りや唄、三味線などのお稽古場でもある東京神楽坂組合、すなわち〝見番《けんばん》〟があるのは坂の南側。

料亭に仕出しをする料理店、呉服や草履などの和装店、神楽坂みやげの定番である和菓子の「五十鈴」「毘沙門せんべい」などの店や、料亭への出前にも応じてきた焼き鳥、中国料理の店などは、坂の中腹の南北両側に分布しています。

お昼前後、見番付近や本多横丁を歩くと、お稽古の行き帰りの和服姿の芸者さんを見かけることがあります。垢抜けた雰囲気と粋な着物の着こなしで「芸者さんだ！」と一目でわかるその姿。そして夕方六時はお座敷の始まる時刻。その頃は盛装して料亭に向かう芸者さんに出会う確率の高い時間帯です。

　また、この街の歴史は、古くから続くお店を訪ねることでも感じることができます。坂下から見ていくと、蕎麦の「翁庵《おきなあん》」、料亭などにも花を納めている「田口屋生花店」、うなぎ「志満金《しまきん》」、ペコちゃんの顔型の今川焼が名物の「不二家」、瀬戸物の「陶柿園《とうしえん》」、化粧品店「さわや」、中国料理の「龍公《りゅうこう》亭」、履物「助六」、お茶の「楽《らく》山《ざん》」、文房具の「相馬《そうま》屋」などは神楽坂で五十年以上続く老舗。

　路地に入ったところにもそんな店は点在していて、老舗居酒屋「伊勢藤《いせとう》」、うどんすきが名物の「別亭鳥茶屋」、フランス料

理店として古株の「ル・クロ・モンマルトル」、ハリウッドスターも来店するお座敷天ぷらの「天孝」、歌舞伎役者さん行きつけの焼き鳥屋「文《ぶん》ちゃん」など、昭和の時代から食の街としての歴史を紡いできた店も点在しています。

一方で、最近の神楽坂は訪ねるたびに新しい店ができていて、美食の街としてさらに進化中。神楽坂通り沿いの表通りよりも、その脇道の路地沿い、裏道を歩くと、個人経営のおいしそう、おもしろそうな店が次々に見つかります。特に神楽坂駅近くの赤城神社周辺には、人気のパン屋さん、ワイン角打ちの店、まるでパリの街角にあるようなパティスリーなどが次々に開店し、新しい変化が起こっていないかと毎度パトロールしてしまいます。

赤城神社の社殿は、隈研吾デザイン。境内には神社が経営する「あかぎカフェ」もあって、若者や女子の参拝者でにぎわっています。社殿の裏側に回ると、崖上から周囲の景色を見渡すことができて、ここが高台であることを実感するはず。赤城神社の周辺には、以前は大企業の寮や社宅が並んでいましたが、この二十年ほどの間に高級マンションなどに建て替わり、そこに住む新住民が増えたことで街が変わってきたということもあるようです。

そうしてにぎやかになってきた神楽坂では、一方で失われたものも数多く。神楽坂下の老舗文具店で夏目漱石や川端康成もその原稿用紙を愛用していた「山田紙店」、その並びの甘味処「紀の善」、伝統ある大料亭だった「うを徳」、赤城神社門前のクリームパンが人気だったパン屋「亀井堂」など、この街に永遠に存在し続けるだろうと思っていた〝神楽坂遺産〟的な店が、この十年ほどの間に次々となくなってしまいました。

学生街、お屋敷街を経て、東京のプチ・パリへ

飯田橋、市ケ谷には東京理科大学、法政大学のキャンパスがあり、神楽坂は学生街としての活気もある街です。特に東京理科大は、神楽坂下一帯にそのキャンパスが広がっているので、花柳界のある街と大学が一体化している、なかなか興味深い例だとも思われます。

理科大卒業生が寄付した近代科学資料館という建物は、明治三十九（一九〇六）年の創立時の木造校舎を復元したものだとか。

東京理科大は、東京物理学校として創立し、漱石の「坊っちゃん」では、主人公がこの学校を卒業した数学教師として描かれています。

外堀通り沿いの理科大敷地内には「坊っちゃんの塔」という五面体・ペンタドロンを組み合わせたアート・モニュメントが立っていて、その説明板に書いてある数式を解読しようと試みましたが、私にとってはまったく意味不明、理解不能なものでした。

この理科大付近の路地をたどり、さらに市ケ谷方向に歩いていくと、あたりはお屋敷街に。

町名でいうと若宮町あたりには大邸宅や超高級マンションが多く、その中でも特に際立っている豪邸が、重要文化財に指定され、現在は最高裁判所長官公邸となっている「旧馬場家牛込邸」です。富山の廻船問屋・馬場家の東京邸として昭和三(一九二八)年に建てられたお屋敷で、内部には入れませんが、建物の外からもその威容を窺うことはできます。

旧馬場邸前の道を坂下方面へと下りていくと、かなりの急勾配下に東京日仏学院、アンスティチュ・フランセ東京があります。ここは、神楽坂ひとり散歩の終点にふさわしい場所。

戦前に、近代建築の祖、ル・コルビュジエのパリのアトリエで学んだ建築家・坂倉準三が設計した校舎は、フランス政府の文化機関らしいおしゃれでモダンなデザイン。二〇二一年には、近年活躍がめざましい藤本壮介設計の新校舎が完成し、庭に面した場所には、フランスを代表する伝説的なシェフ、ベルナール・ロワゾーの味を受け継ぐフレンチ・レストランも開店しています。

大学生時代、今思えば結構熱心に御茶ノ水のアテネ・フランセに通ってフランス語会話を学んでいましたが、このアンスティチュの素敵な校舎で、フランス語学習を再開してみようかという気分になりました。

おすすめ散歩ルート

花柳界の街の雰囲気を味わう ▼MAP35ページ

神楽坂下↓坂を上り、神楽坂仲通りを右折
↓**かくれんぼ横丁**、**本多横丁**、**兵庫横丁**などの路地を探検
↓神楽坂通りに戻り、**毘沙門天・善國寺**
↓坂下側一つ下の左側の路地・**見番横丁**に入り、**神楽坂組合（見番）**や、飲食店の並ぶ界隈を歩く
＊その後、**東京理科大**、**東京日仏学院**方面や、坂上の**赤城神社**方面に向かっても

メインストリートだけじゃない
銀座深掘り散歩

銀座は、東京の繁華街として格式も人気も高く、常に王者の地位を揺るぎないものにしている街。そして古くから、特別な日のお出かけの目的地とされてきた場所。人生なかば以降の年齢になれば、買い物、食事、観劇など、さまざまな目的でこの街を目指したことがあるはずです。

しかしながら、その結構多くの人が、銀座にやって来たとしても、大通り沿いや、四丁目交差点付近を歩いただけで「銀座に来た」と満足して帰っているのではないかという疑念を、私は最近持つようになったのです。

昨年、たまたま友人と一緒に銀座を歩いていて、ちょっと近道しようと、ビルとビルの間の人ひとり通れるほどの路地に入ったところ、彼女は「銀座ってこんな細い路地があるんだ！」と嬌声を上げ、昼なお暗いそのビルの谷間の道の両側にお店が並んでいることにさらに驚いています。その路地を通り抜けたところにお稲荷さんが祀られていることにもずいぶんと感心しているようなので、「ほかにも、路地もお稲荷さんもたくさんあるから」といくつか案内したところ、初体験の銀座探索にかなり興奮した様子です。彼女は東京近郊生まれで、子どもの頃から何度も銀座に来たことがあるはずなのに。

しかし、こんなことではもったいない。銀座はさらに広く、奥深く楽しめる街なのですから。何しろここは「土一升、金一升」と言われる土地。その銀座という地名ブランドを活用しようと、さまざまなお店や施設が、路地にも、ビルの地下や二階以上にもひしめいています。つまり、見つかりにくい場所においても、美しいもの、おいしいもの、銀座ならではの特別な体験などに出会えてしまうのがこの街なのです。まずはひとりで街の細部までを探索してみることが、銀座の真価を味わう第一歩になるのではないでしょうか。

銀座の街の道筋は碁盤目状。そして坂道はなく平坦です。したがって神楽坂を探索する時のように、あらかじめ〝まち歩きマップ〟を入手しなくても、スマホのマップがあれば、目的地に到達するのも簡単です。

ただ、銀座を目指す時には、最先端のお店を見て歩きたい、新旧の有名建築を見たい、人気の手みやげ品を入手したい、路地を全部歩いて制覇したいなど、何か明確な目的を持っていたほうが、より楽しめると思います。

そして先ほど、まち歩きマップは必要ないと書きましたが、さまざまなテーマ別マップやパンフレットなどは、散歩の楽しみをより広げてくれます。そんな、銀座ひとり散歩に役立つ、最新かつおもしろ情報を得ることができるのが、銀座の観光案内所です。

銀座にはおすすめの観光案内所が二カ所あり、外国人観光客向けと言えそうなのがＧＩＮＺＡ ＳＩＸの１階、裏通り側のコンビニ内にある案内所。そして私が特に愛用しているのは数寄屋橋交差点に面した東急プラザ裏側一階の数寄屋橋公園側の「ＧＩｎｆｏ」という案内所です。ここで私が手に入れたのは、銀座の街路と主な建物を網羅したスタンダードなマップから、「文学の中の銀座」、創業百年以上の老舗を紹介した「銀座１００年」、銀座の全路地とその特徴を紹介する「銀座路地ガイド」などのガイドマップ。

そのほかにも毎号豪華執筆陣が登場する銀座のタウン誌「銀座百点」の最新号か

ら数カ月分のバックナンバーも揃っているので、私は銀座に来るといつもここで何か新しい情報を入手しつつ、「銀座百点」をもらうのを楽しみにしているのです。

この「銀座百点」に毎月載っている「わたしのとっておき」も、大いに参考にしているページ。銀座の老舗のご主人や、さまざまなお店の店員さんが、おすすめの昼・夜の食事処、お店、プレゼント用の品、おみやげ、好きな場所などを紹介するという内容で、毎回、行ってみよう、これほしい、こんな店があるのかといった発見があります。

最新情報は、地元の情報通に聞くに限る

やはり、銀座に仕事場、勤務先があり日々通ってきている人の情報は、新しいうえに深い。私は、密かに〝銀座番長〟と名付けている銀座のオフィスに勤務する女友だちに会うたび、銀座の最新情報を教えてもらっています。最近の彼女のおすすめの場所は、七丁目銀座通り沿いにできた和菓子「虎屋」のビル。「このビルにある虎屋の店舗と菓寮、そして同じビル内にある『黒田陶苑』はどちらも建築家・内

藤廣《ひろし》のデザインで、とっても素敵だから行ってみて」ということです。

おすすめに従い、銀座近くで用があった帰りにこの虎屋ビルに早速寄ってみました。ただし、ここで虎屋の菓寮を訪ねるには予備知識が必要です。ビルの銀座通り側は高級ブランド「バレンシアガ」のブティック。上階に上るには、ビル裏側のすずらん通り側にある入口からエレベーターに乗る必要があり、そのビル入口には虎屋の店があることを示すわかりやすい看板などは見当たらないのです。

本当にここでいいのかと思いながら、真新しいビルのエレベーターに乗って四階まで行くと、そこには黒を基調としたシックな内装の虎屋のお店（TORAYA GINZA）とカフェ（菓寮）がありました。喫茶を利用したい旨を告げ、案内された店内ではたくさんの人々がお茶とお菓子を楽しんでいます。この店の特徴は、銀座通り側が広めのバルコニーになっていて、そこにテラス席があること。その真ん中には立派な松の盆栽。テラスから銀座通りを見下ろすのもよさそうですが、この日はすでに満席。しかし、室内の席からも広々としたテラスや盆栽を見ることができて、充分に満足できます。抹茶と、注文が入ってから作るという上生菓子をいただき、銀座での優雅なひと時を満喫しました。

さらにその上のフロアの黒田陶苑を訪ねてみると、まさに美術館のような空間。魯山人、濱田庄司などの作品が展示され、美術館と違う点といえばそこに価格が表示されていることでしょう。しかしそれは、こうした作品が、料理を盛ったり花を活ける実用のものでもあると再認識することにもなり、新たな器の見方を得たようでもあります。空間、商品、価格があまりにハイレベルであることに恐縮し、虎屋でお菓子をいただいていた時も感じていたことでしたが、今日はもう少しまともな身なりでここにやってくればよかったのではと後悔することしきりでした。

子どもの頃、家族で銀座にお出かけする時は、私と妹は普段着ではないワンピースにエナメルの革靴、母は和服、もしくは洋服だとパールのネックレスや指輪などの宝石をつけ、父はネクタイをして背広と、いわゆる〝よそ行き〟の服装だったことを思い出しました。今も銀座は、そうしたドレスコードをわきまえて行ったほうがよい、東京でも数少ない街だということでしょう。

本物と、歴史的な深みを味わえるのがこの街の醍醐味

そして、私が現在開発中なのが、こうした銀座のビル上の穴場探し。路地や路面店など、地べたを探索することは得意ですが、個々のビルの階上に上がっていく機会はそれほどありません。だけどそんな場所にこそ、銀座の秘境、銀座ならではの特別な体験のできる場所が潜んでいるようなのです。

また、銀座にはあちこちに歴史のある建物も残っていて、そんな場所を訪ねてみることで、時間的な深層を感じることもできます。

七丁目のライオンビヤホールは、一見すると新しいビル。しかし建物内に入ると、そこには、昭和九年築のモダン東京時代そのものの、時代色を帯びた床タイル、ガラスモザイク壁画、レトロで趣のあるデザインの照明で装飾された空間が広がっています。昼から夜まで通しで営業していますが、昼時と夜は混み合うので、ひとりでこの店に行くなら、昼下がりから夕方頃がおすすめです。

店のタンクには常に出来立てのフレッシュな生ビールが貯蔵されているそう。ビール注ぎの名人もいて、注文の際にはその注ぎ手を指名することもできます。毎日、銀座八丁目の銭湯「金春湯《こんぱるゆ》」でひとっ風呂浴びてここにやってくる常連のお客さんもいるとか。そんな粋なスタイルを一度でも真似てみたいものです。

このほか銀座に残る戦前築のビルは二丁目のヨネイビル（昭和五年築）、一丁目の奥野ビル（昭和七年築）、七丁目の第一菅原ビル（昭和九年築）など。

ヨネイビル内には、洋菓子店「アンリ・シャルパンティエ」のサロン・ド・テがあって、ここではクレープ・シュゼットやナポレオンパイなどの特別なデザートをいただくこともできます。

また、古い建物ファンに人気なのが一丁目銀座三原通り沿いの奥野ビル。モダン東京時代に建てられたアパートだったというこの建物の人気は年々高まっているようで、ビルの雰囲気に合ったギャラリー、アンティークショップなど、館内のお店の数は、

この数年どんどん増えています。手動で扉を閉める時代もののエレベーターに乗ってみるのも、銀座での貴重な体験になるはずです。

思い出と、自分と語り合うひと時

そして銀座に来るとついつい、自分のためだけにも何か特別なおみやげを買いたくなるものです。時間的余裕がない時は、三越や松屋のデパ地下で何か探すか、「木村屋」のあんぱんを定番みやげとしています。木村屋でもこの銀座の店では、店内で焼いている出来たてのあんぱんが買えるのが魅力。しかし、手みやげブームが過熱するなか、ほかにも私の知らない素敵な銀座みやげがあるのではと、常に気にしながら街を歩いてしまいます。

また、銀座には、子どもの頃から、そして今までの人生での思い出がいろいろとあり、それをたどって歩くだけでも、しみじみとした心境に浸れます。

今は亡き父親の定番銀座みやげというと、「マキシム・ド・パリ」のトリュフ・チョコレート、「エル・ドール」の洋菓子、「寿司仙」の折り詰めなどを思い出しますが、いずれのお店もすでになく、父がいつも背広をオーダーしていたテーラー「ヤジマ」も閉店してしまいました。

そんな思い出の場所を巡る銀座センチメンタル・ジャーニーも、やはりひとりでの散歩ということになるでしょう。

ひとり散歩のヒント

銀座路地めぐり ▼MAP48ページ

ビルとビルの間や、ビル内を貫通する路地は、銀座の毛細血管。銀座八丁目北側の**金春通り**、**見番通り**、**並木通り**の間にはビルの間やビル内に何本もの路地が残っているので探検してみる価値あり。

また、七丁目の**豊岩稲荷**、五丁目の**あづま稲荷**、四丁目の宝童稲荷などは、風情のある路地奥や脇にある稲荷神社です。

六〇年代若者文化の中心だった新宿を求めて

新宿は、東京に住んでいると、常に身近にある便利な街。そして都内でも有数のメガシティです。新宿駅を中心に、巨大な繁華街、オフィス街が広がり、JR、地下鉄、私鉄と数多くの鉄道路線が集結しているので、誰か人と会う時、何人かで集まろうという時、ついつい「新宿で」ということになりがちです。

その一方で散歩の目的地として、あえて新宿を目指すことはないような。でも、よくよく考えてみると、私も、そして新宿に来ている多くの人々も、無意識のうちにこの街を散歩しているのです。それは散歩というより、いわゆるパトロールという言い方が適切かも。自分の脳内、身体の延長線上のようなこの街に、何か変化が起きていないかをチェックしながら歩いているという感じです。

新宿はもともと甲州街道、青梅街道の宿場町。関東大震災後、さらに戦後に、東京が西側へと膨張していくのにつれて発展してきました。そして現在のような東京を代表する繁華街の地位を得るようになったのは、戦後生まれの団塊の世代が二十歳前後となった六〇年代後半から七〇年代前半の頃。〝若者の街〟として、演劇、映画、ロックやフォークなど、あらゆる先端カルチャーのるつぼとなったのが新宿だったのです。

音楽、演劇、アートがとてつもなく熱かった時代

当時のカルチャー・ヒーローというと、唐十郎、寺山修司、横尾忠則、三島由紀夫といった面々。森山大道、アラーキーといった写真家も新宿を本拠地としていましたし、篠山紀信は新宿のお寺の息子で、この街が故郷という人でした。

六〇年代末の新宿では、西口広場でのフォークゲリラ集会、駅前や街頭で突如始まる天井桟敷《てんじょうさじき》の演劇、六八年十月二十一日の国際反戦デーに起こった新宿騒乱など、日々若者たちのエネルギーが炸裂。ベトナム戦争反対、安保反対といった学生運動が渦を巻いていました。

その頃の私は幼稚園児。家の近所にはいくつか大学があったので、母親に「今日はデモがあるかもしれないから、表通りの方に遊びに行ってはダメよ」と言われていたのを記憶しています。

しかし、私がその後の十代、二十代に経験してきた新宿は、まさにこの六〇年代後半から七〇年代前半のカウンター・カルチャーの〝洗礼〟を受けてきた街だったのです。まだ無邪気だった十代の頃は、アングラ演劇、ゴールデン街など、ちょっと危険な感じのするものに魅かれ、高校時代は、演劇少女のクラスメートとともに、紀伊國屋ホールにつかこうへい事務所の公演を見に通っていました。当時の看板役者は、風間杜夫、平田満、根岸季衣《としえ》、萩原流行《ながれ》。友人は風間杜夫の熱烈なファンで、楽屋口で花束を渡すために出待ちをするのですが、私もたびたびそれに付き合っていたのは、今や古きよき思い出です。

新宿が熱かった時代が過ぎ去ってからかなりの年月が経ちますが、当時の街をたどるセンチメンタル・ジャーニーに出かけてみると、自分がこの街から受けてきた影響は案外大きかったのだと改めて実感するのでした。

紀伊國屋をはじめ、新宿三大老舗は今も健在

新宿で昔も今も変わらないのは、「紀伊國屋書店」、「新宿高野」、「中村屋」の三大老舗。それが今も健在なのは頼もしい限りです。

中村屋のビルは　二〇一四年に建て替わりましたが、今もそのカリーライスの味は変わらず。この純印度式カリーは「恋と革命の味」と謳われていて、カリーを看板メニューにしている地下二階のレストランには常に行列ができているのを見かけます。地下道から直接入れる地下一階のショップは立ち寄りやすいので、前を通りかかると、名物の中華まんやクリームパン、カリーパンなどあれこれと買い込んでしまいます。

その並びの高野のビルの五階にあるフルーツパーラーは、季節の果物満載のフルーツパフェが人気。こちらも大抵行列ができているのですが、天気の悪い日や、今の時間帯だったら空いているかもという時に訪ねてみて、「並ばずに入れたらラッキー」という賭けをたびたび試みています。

高野のビルの一階から二階は現在、ラグジュアリー・スポーツブランド「アンダー・アーマー」のショップになっていますが、ひと昔前は二十代前後の女性向けのブティックで、高校、大学生の頃はよくここで服を買っていたものです。

新宿では、高野の並びに「鈴屋」、その近くの映画館・武蔵野館の入っているビルには「三愛」の店があって、伊勢丹も含め、十代二十代の頃は常にこのあたりで服を選んでいたことを思い出します。その三愛の跡は「ZARA」に、高野の洋服売り場はその後グッチのショップになり、現在はアンダー・アーマーになっているのには時代の変化を感じます。

その高野の洋服売場には、六〇〜七〇年代のスウィンギング・ロンドンの時代、一世を風靡したブティック「BIBA」のショップがあって、メイクアップ化粧品などを販売していました。私は高野に来ると、毎度ここを覗いてその世界観にあこがれていましたが、今考えるとそれは、七〇年代の新宿だからこそ、この場所にあったショップだったということなのでしょう。

八〇年代の伊勢丹では、「カルバン・クライン」「ノーマ・カマリ」「アニエスベー」といったニューヨーク、パリのデザイナーズ・ブランドが人気でした。会社員になった二十代の頃、カルバン・クラインのスーツやコートを着ていたことをおぼえていますが、それは伊勢丹で買ったものだったはず。その一方で私は、高校、大学生の頃、雑誌「オリーブ」にも影響され、伊勢丹のアニエスベーのショップで買った、ボーダーの長袖カットソーやカーディガンも愛用していました。

今でも伊勢丹にはよく行きますが、近年はラグジュアリー化が著しく、手の届かない存在となりつつあります。しかしながら、子どもの頃からデパートをハレの場としてきた私は、新宿に三越がなくなり、小田急の旧本館がなくなった一方で、相変わらず伊勢丹が繁盛しているのは、心強いことだと思うのです。

喫茶店、レストランはこの街のカルチャーサロン

紀伊國屋書店のビルは二〇二二年に耐震補強されて、リニューアルオープン。戦後モダニズムを代表する建築家・前川國男設計のビルは、東日本大震災後、集客施設としての耐震性不足が公表され、建て替えられてしまうのではと危惧していたのですが、出版文化のパトロンでもある紀伊國屋書店は、前川作品の価値を尊重し、

多大な費用のかかる耐震補強の途《みち》を選んだのでした。

このビルが竣工したのは、前回の東京オリンピックの年である一九六四年。当初は一階入口からエスカレーターを上がると二階にレコード売り場があり、館内には演劇も上演できるホールがあるなど、それまでにはなかった総合的な文化空間が生まれたということで、大きな注目を集めたそうです。

その六〇年代当時の新宿で、若者やクリエーターが集ったのは現在の新宿通り沿いのマルイ脇にあった喫茶店「風月堂」や「青蛾《せいが》」でした。特に風月堂は昭和三十年代の新宿の代表的な文化サロンで、岡本太郎、瀧口修造、野坂昭如《あきゆき》、五木寛之、寺山修司、唐十郎、三國連太郎や岸田今日子といった面々が常連だったとか。その時期の新宿の街の歴史、昔語りには必ずと言ってよいほど登場する伝説的な存在の店でしたが、一九七三年に閉店。当時の私は小学校三年生で、その文化サロンに足を踏み入れる年代に達していなかったのが残念です。

六〇年代から七〇年代は喫茶店文化の全盛期。その頃の新宿にはこの他にも「スカラ座」「王城」などの店がありましたが、今もその時代から続くのは名曲喫茶「らんぶる」と、ジャズ喫茶「DUG」くらいでしょうか。

このほか、私がひいきにしている新宿の老舗は、天ぷらの「つな八」、「船橋屋」と、バー「イーグル」、ロシア料理の「スンガリー」。歌手・加藤登紀子の両親が創業したスンガリーは、ロシア料理の味も本格的でお店の雰囲気も素敵。また、私が二十代の頃に初めてタイ料理を食べたのは歌舞伎町の「バンタイ」でしたが、この店はもすでに東京のタイ料理の老舗となっているのではないでしょうか。

編集者になって新たに知ったのが、新宿の夜の世界です。新宿二丁目から三丁目、そしてゴールデン街にはいわゆる文壇バーが点在し、上司や同僚、担当する作家先生には、いろいろな店に連れていってもらいました。店によって客層、常連などがまったく異なり、今にも殴り合いになりそうな議論の場に遭遇したり、有名作家を叱りつけるママさんに驚愕したり。そうして私もようやく新宿という街の深淵を知るようになったのかもしれません。

長く馴染んだ街の姿を見納める時期がやってきた

歌舞伎町とゴールデン街の間には、以前は都電の専用軌道だった「四季の路」という遊歩道があります。このクネクネと続く道に沿って歩いていくと、昭和初期に震災復興小学校として建てられた旧四谷第五小学校の建物があり、この廃校後の建物が現在は吉本興業の東京本部として使われているのが意外です。

そのすぐ近くは「花園神社」。最近たまたま日曜日に訪ねたら骨董市が開催されていて、外国人観光客が熱心に各店を漁っていました。唐十郎は、一九六七年からこの境内で状況劇場の紅《あか》テント公演を行ってきたそうですが、その後、劇団は唐組となり、花園神社以外でもあちこちでテント芝居を続けていて、今も一貫して屋内ではなくテントで公演を続ける根性は見上げたものだ

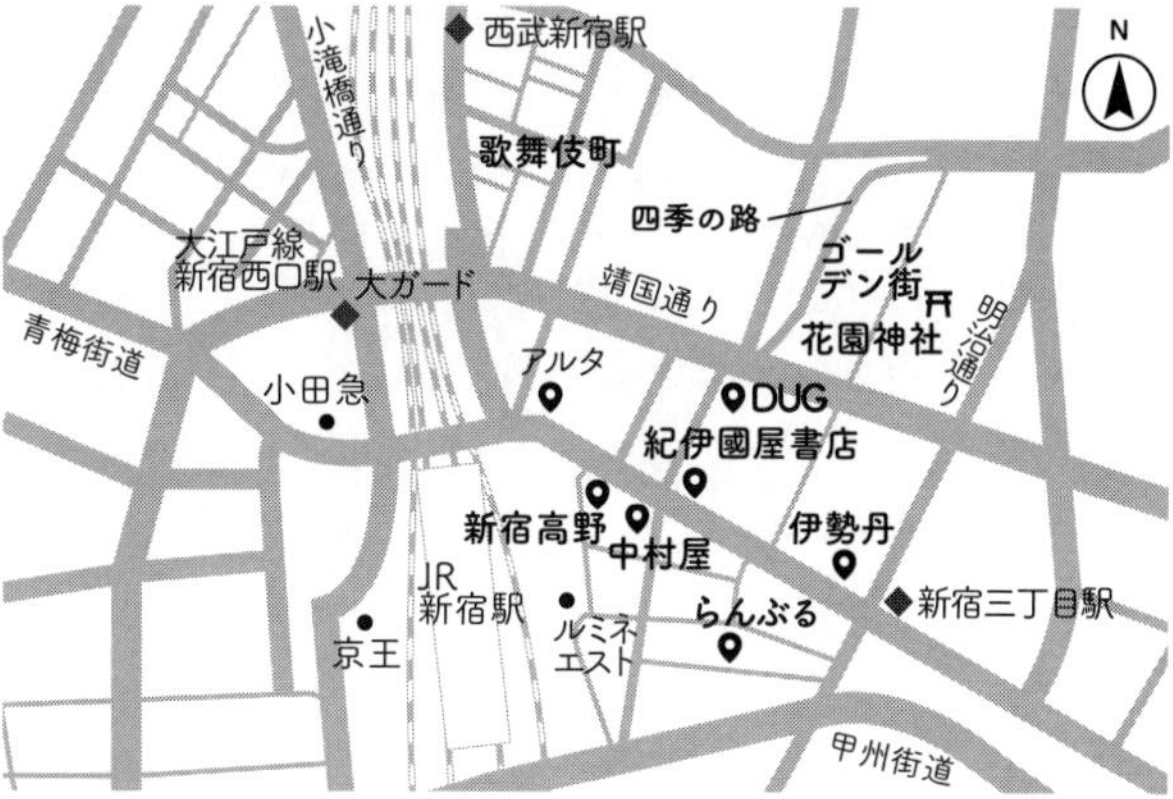

と思います。

そして、近年の新宿で相次いでいるのは街の再開発。花園神社近くの子どもの頃家族でよく行っていた天ぷら屋さんが入居していたビルは最近なくなり、その帰りにいつも寄っていた靖国通り沿いのアドホックビルの館内はほとんどが空き店舗のよう。東口駅前の、タモリが長年「笑っていいとも！」の司会を務めていたスタジオアルタのビルも二〇二五年に閉館し再開発予定。

さらに駅の西口側に行くと、新宿駅西口そのものという威容を誇っていた小田急百貨店本館の建物が解体されてすべてなくなり、西口広場も工事中で今後どんな姿になるのかも知れず。以前の西口駅前で、自作の詩集を売っていた女の人は一体どこに行ってしまったのでしょうか。

今後しばらく西口の工事は続き、それが完了した頃は私の知っている新宿の街の姿はまったく消え失せているかも。以前から親しんできた建物やお店が壊されて、なくなった風景を見ると「ここはどこ？　私は誰？」と叫び出してしまいそうになります。

しかし、そんな新宿にも今後も変わらないはずの場所があるのです。それは西口新都心の超高層ビル街。京王プラザホテル、三井ビル、住友ビル、新宿センタービルなど、七〇年代に建てられたビル群は、未だ一棟も再開発されず、みな現役です。

展望レストランのあるビルや都庁のように無料展望室のあるところもあり、そこから新宿の街を眺めてみると、その巨大さ、人の多さに驚きます。そして、すぐ近くには新宿御苑、代々木公園や明治神宮、新宿御苑の巨大な緑地が見えて、その森は、まるで新宿の〝肺〟のごとくこの街に酸素や活力を注入してくれているように思えます。

ごく最近のことですが、靖国通りを歩いているおじいさん二人が、「ここが電車通りでしたねえ」と、この街に都電が走っていた昔を懐かしんで話し込んでいるのが聞こえました。私もさすがに新宿を都電が走っていた頃は知りませんが、古くからの知り合いと街を歩いていると、かつての風景が蘇ってくるものなのでしょうか。

そう思うと、私も近い将来、新宿東口で「ここに昔スタジオアルタというビルがあったわね」とか、西口では「小田急デパートの建物が懐かしいわ」などと呟きながら歩いているような気がします。

神保町古書店街の歩き方

神田神保町の古書店街がそれまでのアカデミックで近寄りがたい雰囲気からカジュアル化したのは、今から四半世紀ほど前の一九九〇年代後半頃からでしょう。まさに東京都心であるこの地域は、バブル期に地上げの標的となり、その後バブルが崩壊すると家賃の値崩れが起こったのか、「裏神保町」と言われるメインストリート裏の小さな通り沿いのあちこちに、今まではなかった、個人経営の個性的な古書店がぽつぽつと出店しだしました。それまでの神保町の古書店街といえば、一部の古書マニアや、アカデミズムや古書業界の人々以外には縁のない敷居の高い場所という感じでした。

私が神保町の古書店を訪ねるようになったのはちょうどその変革期。バブル期を謳歌していた女子大生あがりの頃は、古本なんてかび臭いイメージのものに一生関わることはないと思い込んでいましたが、入社した「東京人」編集室で隣席に座っていた同僚は重度の古書マニア。私が、「この本読みたいと思っていたのに絶版だった」「今度この作家に原稿依頼したいけれど、その著書が見つからない」といった話をすると、会社からは徒歩圏内である神保町で、即座にその本を探し出してきてくれていたのです。やがて彼に古書店街の回り方を伝授され、私にも新たな古書の世界が開けたというわけです。

単独行動が古書探しの基本

世界一の古書店街と言われる神保町には、文学、理工書、映画演劇、地図、児童書・絵本、洋書、美術、建築、雑誌、マンガ、アダルトなどありとあらゆる専門分野の古書店が揃い、そんな店を一軒一軒見て歩くのはこの街ならではの楽しみ。まさにひとりでじっくり、古書の世界に没入しつつ歩くべき街なのです。

靖国通り沿い、すずらん通り、そして白山通り沿いが古書店街のメインストリートですが、そこから路地を入った裏神保町にも、小さな個性的な店がひしめいています。

たとえば、特定の作家の本、写真集、雑誌など、探している本が具体的に定まっている場合、今の時代はネットで検索購入できますが、専門古書店の棚、各店頭の均一棚などを眺め、そこから思いがけないものを掘り出すのが、神保町のリアル古書店ならではの楽しみです。私の本棚には、神保町の店頭での偶然の出会いで手に入れた本が結構たくさん並んでいます。

靖国通り沿いの駿河台下交差点から神保町交差点のあたりまでは、特に老舗の古書店が並んでいるエリア。なかでも昭和六年築の「一誠堂書店」の建物は立派なもので、通りかかると、店内に入ってその雰囲気に浸ってみたくなります。神保町でも特に敷居の高いお店に思えますが、一階中央の書棚には映画や芸能関連という親しみやすいジャンルの本が並んでいて、私はここで俳優・小沢昭一の著作を見つけるとよく購入していました。

重厚な階段を上って二階に上がると洋書や和本などが並んでいて、一階とはまた異なる古書の世界が広がっていることにも驚きます。

このほか私がよく立ち寄るのは「小宮山書店」。以前は「古書のデパート」をキャッチフレーズとしてさまざまなジャンルを扱っているお店でしたが、当代のご主人に替わってからアートブックの牙城へと変貌。七〇年頃の建物だという店舗ビルは、当時最先端だった段差をつけて階層を分割できるスキップフロア方式で、その各売り場は、写真集、画集、三島由紀夫、海外・国内ファッション雑誌などさまざまなジャンルに分かれ、館内には、まさにアートとビジュアル本の古書のデパートが展開しています。

その並びの「悠久堂書店」には、料理の専門書が数多く並んでいるので、毎度じっくり書棚を観察。食関連の随筆本やガイド本などおもしろい本が見つかる店です。また、駿河台下交差点近くの建築書専門の「南洋堂書店」は、新刊の建築の話題書も置いてあり、ほかでは見つからない専門書や雑誌のバックナンバーを探しあてることもできるので頼りにしています。

B級グルメと喫茶店も探究したい

そしてここ神保町は、下町らしく、喫茶店、中国料理、カレーなどの飲食店が密集しているのも魅力。いわゆるB級グルメと言われる分野の店が多めですが、最近はフランス料理、イタリアン、和食などの名店も増えています。

私が、打ち合わせや古書店めぐりの一休みの時によく立ち寄る喫茶店は「ミロンガヌオーバ」「古瀬戸珈琲店」「ティーハウスタカノ」など。

ここ数年、老舗喫茶「さぼうる」や「ラドリオ」に若者の長蛇の列ができていて、最初は彼らが何を目当てに並んでいるかが謎だったのですが、若者たちにとっては、昭和レトロな喫茶空間と、クリームソーダ、ナポリタン、ウインナコーヒーといった純喫茶メニューが新鮮に感じられるらしく、その写真をインスタグラムやＴｉｋＴｏｋにあげるのが目的のようです。

私が神保町で目指すのは、映えメニューよりカレー。「ボンディ」「共栄堂」「エチオピア」「ガヴィアル」といった店は、以前からの行きつけですが、近年は神保町がカレーの街として過熱気味で、新たな店もあちこちに開店しています。最近私がさらに追求しているのは南インド料理。靖国通り沿い小川町の「三燈舎」、御茶ノ水駅にも近い「ゴンド」といった店でカレー、ラッサム、サンバルなどを味わうのも楽しみにしています。

カレーと共に、神保町でお昼に訪ねたい鉄板の店は「ランチョン」。明治四十二（一九〇九）年創業のこのお店は、ビヤホールであり洋食店。昼から夜まで休憩なしの通し営業なので、昼下がりに立ち寄って名物のメンチカツを肴に生ビールという楽しみ方もできます。この店の二階窓側の席から、靖国通り沿いの街並みや人々の往来を眺めるのもいいものです。

そのほか神保町に多いのは中国料理の老舗。明治時代には、維新で近代化を達成した隣国日本に学ぼうと、たくさんの中国人留学生が来日し、東京で学んだそうですが、その中には孫文《そんぶん》、蒋介石《しょうかいせき》、魯迅《ろじん》、周恩来《しゅうおんらい》といった歴史に名を残す面々もいました。当

時は外国人の居留地が定められ、神保町のすずらん通りからさくら通り一帯が中国人街になっていたそうで、最盛期には約一万人もの中国人留学生が滞在し、その人口は現在の横浜の中華街よりも多かったことになるのだとか。

その時代から続く、すずらん通りの「揚子江菜館」は明治三十九年創業。明治大学近くの「漢陽楼」は明治四十四年創業。周恩来の通った東亜高等予備校がかつてあった神保町二丁目の愛全公園には、「周恩来ここに学ぶ」の碑が建っています。

神保町の老舗店主はみんな江戸っ子

そして神田神保町は江戸時代からの中心市街地。この街で代々商店を営む人々は神田生まれの江戸っ子なのです。地元の錦華《きんか》小学校（現在は統廃合されてお茶の水小学校）出身であることを誇りにしている人が多く、そんなこの街の皆さんは話し方も歯切れがよく、その口跡にも江戸っ子らしさを感じます。神保町一帯は、神田明神の氏子地域。神田祭の時期、街はお祭りの雰囲気で盛り上がり、各町会からは御神輿が出たりもします。

古書店街の店先では、本に吸い寄せられる人の姿を見かける

この街に生まれ育った老舗古書店のご主人に聞いた話ですが、昭和三十年代頃まで、靖国通り沿いの商店はほとんど木造の二階屋で、そこに家族や住み込みの店員さんなど今では信じられないほどの人数がぎゅうぎゅう詰めで暮していたそう。街には都電が走り、夕方店が閉まると、住み込みの若い男女は街に出て映画を見たり、銭湯や甘味処、酒場などに出かけ、夜の街は毎日お祭りのようににぎやかだったとか。

今の神保町は、ビル化、オフィス街化が進み、住民はかなり少なくなっているはずです。街並みは昭和の頃からすっかり変わってしまいましたが、客層が以前より広がり、常ににぎわっているので、都心の街として、時代の変化に適応してきたということなのかもしれません。

昭和四十年代はじめまでは都電がこの街への主なアクセス手段でしたが、現在の地下鉄の神保町駅には、都営三田線、新宿線、東京メトロ半蔵門線と三線もが通り、そのほかにも古書店街の周辺には小川町駅、淡路町駅、九段下駅、御茶ノ水駅や新御茶ノ水駅、そして水道橋駅などがあるので、さまざまな駅を利用できるのが便利。

今、日本国中で書店が少なくなっているそうですが、図書館よりも幅広く、新刊本書店にはないあらゆる時代の本を揃えたこの本の街を、自分の活動領域にしない手はありません。とりあえず、ひとりで古書店街をさまよってみてください。

古書店街散歩におすすめの書店

アートブックを探す古書店街散歩

▼MAP67ページ

源喜堂書店　靖国通り沿い、小川町（美術展の図録、画集などの品揃えが豊富で店頭、店内を漁りだすと時を忘れます）

大屋書房　靖国通り沿い、駿河台下交差点（江戸時代の浮世絵、和綴本などがショーウインドウに並んでいて見事）

小宮山書店　靖国通り沿い（本文でも触れたアートブックのデパート。海外・日本のファッション雑誌、写真集、画集以外に、ポスター、リトグラフなどアート作品も扱っていて店内はギャラリーのよう）

ボヘミアンズ・ギルド　すずらん通り（店頭の木製の看板がかわいい入りやすいお店。美術デザイン、写真などの分野の幅広い品揃えが魅力。二階にはギャラリーもあります）

都電荒川線で、昭和の懐かしい街を訪ねる

家の近くを都電荒川線が走っています。一時は東京都内を網羅していた都電の路線は、私がまだ子どもだった昭和四十年頃から徐々に廃止され、現在はこの荒川線だけが残っているのです。
家に遊びにきた友人や、東京まち歩きが好きな人からは「一度あのチンチン電車に乗ってみたい」と言われますが、そのたびに、「そんなにめずらしいものだろうか」と思っていました。
古くは石立《いしだて》鉄男主演のテレビドラマ「水もれ甲介」（一九七四年）や、侯孝賢《ホウシャオシエン》監督の映画「珈琲《コーヒー》時光《じこう》」（二〇〇四年）など、荒川線とその沿線風景が登場する作品は案外数多く、都電の走る街は絵になる風景ということなのかもと思い直したりもします。「水もれ甲介」を、ネット配信で見ると、子どもの頃の遊び場だった

「鬼子母神前」電停付近の街並みが、あまりにも変わり果てていることに驚き、ドラマに登場する昔の懐かしい風景に見入ってしまいます。しかし、荒川線沿線は今の東京で、ほかのエリアと比べれば、まだ昭和の風情を感じられる場所だと言えるのかもしれません。

鬼子母神前のほか、漱石や荷風の墓所のある雑司ケ谷霊園最寄りの「都電雑司ケ谷」、JR山手線駅前でもありにぎやかな「大塚駅前」、巣鴨地蔵通りに通じる「庚《こう》申塚《しんづか》」、江戸時代からの遊興の地「飛鳥山」や「王子駅前」、リニューアルした「荒川遊園地前」、かつて尾久三業地が栄えた「宮ノ前」、そして京成線と接続する「町屋駅前」、終点「三ノ輪橋」と、沿線には、ほっと一息つける懐かしい街並みが揃っています。

大塚は意外にいい店うまい店が多い

私が都電に乗ってよく出かけるのは、家から比較的近い大塚や王子あたり。平日の午前中にその日締め切りの原稿を送ってしまうことができたら、すっかり解放された気分になり、都電にでも乗ってどこかにお昼を食べに行き、その帰りに散歩してこようかなという気分になります。

そんな時にまず出かけていくのは大塚駅前。大塚駅前までの沿線地形は上り下りの高低差が激しく、電車に乗っていてジェットコースター気分を味わえるうえ、大塚駅前の広場を通過する際にはいくつもの急カーブを曲がるので、線路の勾配・曲線を味わえるなかなか楽しい区間なのです。

そして、大塚駅南側の天祖神社まわりの「サンモール大塚商店街」には、南インド料理、カレー、洋食、ラーメン、四川料理などいい店うまい店がいろいろと揃っています。

駅北側には、ここ数年大行列が出てきているおにぎり「ぼんご」や、「東京大塚のれん街」という今風の居酒屋横丁が。さらにその先には有名な日本酒居酒屋や本格江戸料理の店などがあって、昼だけでなく、夜の部も深掘りしがいがある意外にグルメな街なのです。

南口の山手線線路に近い三業通りを歩くと、この大塚で花柳界がにぎわっていた時代の名残をかろうじて見つけることができます。さらに街のあちこちを歩き回ると、モスクやハラル食専門店、アジアエスニックの店、ガラス越しにハードな練習の様子が見えるボクシングジム、ペンギン関連のグッズのみを扱っている「ペンギン堂雑貨店」のような店など、ちょっと探検すると何かおもしろいものが見つかるのが大塚の奥深いところです。

さらにその先でおすすめしたい都電の下車先は庚申塚。電停そばにある踏切から南に歩いていくと、そこは巣鴨の地蔵通り。東京有数の人気商店街で、塩大福やあんぱん、お惣菜、食材などの買い物も楽しく、今も毎月三回、「四」のつく日には縁日が催され、商店街沿いやとげぬき地蔵のある高岩寺《こうがんじ》の境内には露店が並んで、多くの人でにぎわいます。

昼時にこの通りに来たなら、うまい、安い、盛りがいいと三拍子揃った焼き魚やエビフライなどの定食が人気の「ときわ食堂」を目指します。夕方早めの時間には、ひとり飲みするにもちょうどよく。酒の肴になるメニューも豊富で、ひとりでも頼みやすい少量の「ミニ盛り」があったりもします。

旧中山道沿いを歩いて歴史を味わう

実はこの「巣鴨地蔵通り商店街」は、江戸五街道である中山道の旧道です。道沿いには猿田彦を祀る神社、庚申塚や、とげぬき地蔵・高岩寺、江戸六地蔵の一つ眞性寺《しんしょうじ》などが点在し、歴史を感じる道筋でもあります。

また、庚申塚電停からこの中山道旧道を、地蔵通りとは反対方向の北側に歩いて行くのもおすすめです。地蔵通りほどにぎやかではありませんが、商店街と住宅街が入り混じった街並みが続き、五分ちょっと歩くと仏教系の大学・大正大学のキャンパスに達

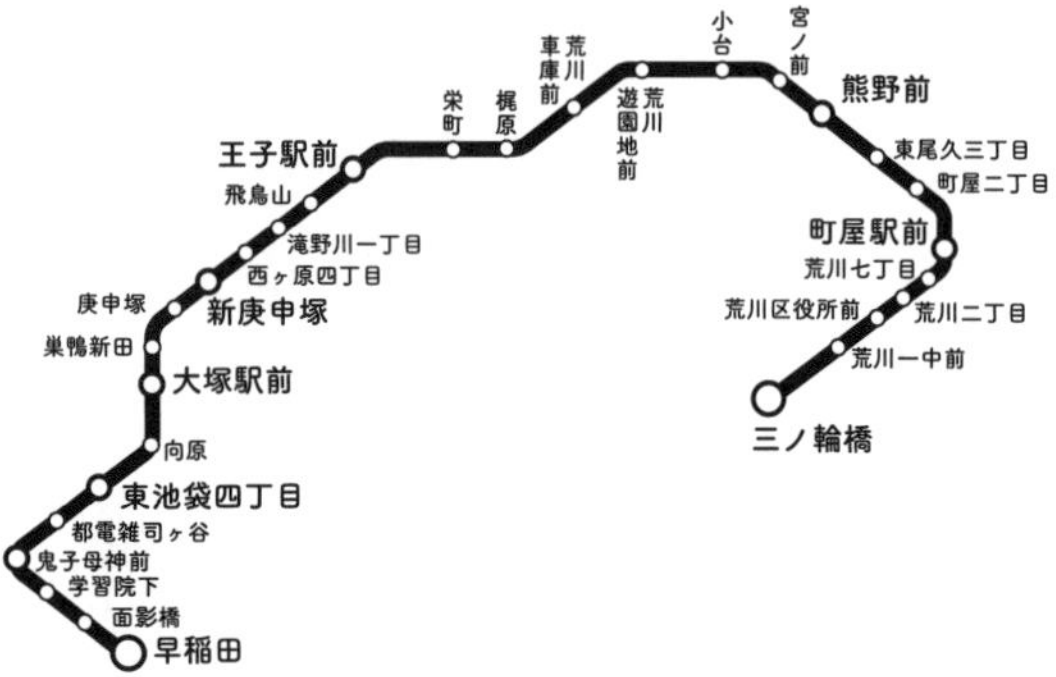

都電荒川線路線図

しますが、この構内の「さざえ堂」という八角形の塔は訪ねてみる価値あり。福島県会津若松の飯盛山で、江戸時代築、国の重要文化財に指定されている会津さざえ堂に上ったことがありますが、それと同じような構造のものがこのお堂なのです。拝観は自由なので堂内の螺旋状の通路を上っていくと、内部には仏さまが祀ってあり、ありがたい心持ちに。やはり古くからの歴史のある街道沿いには、人々に信心されるものが今も存在しているのだと感じ入ります。

この先、明治通りを渡ってさらに旧中山道を進み、北区滝野川六丁目三十七番地の住所表示のある所を右側へ曲がると、「稲荷湯」という、大正時代創業、昭和五年築の銭湯があります。ここは、東京伝統の典型的な宮型の銭湯で、映画「テルマエ・ロマエ」や、数々のテレビドラマ、CMなどのロケ地にもなり、国の登録有形文化財にも指定されている、なかなかすごいお風呂屋さんなのです。午後三時から営業しているので、一風呂浴びてもよいし、ここからさらに街の奥に分け入ってみてもおもしろそうです。

旧中山道をさらに北へ歩いて行くと、JR埼京線（旧赤羽線）の線路に行き当たり、すぐそばはJR板橋駅。駅前には新選組・近藤勇の墓があり、今も墓参者が絶えないようです。

飛鳥山、王子を過ぎると荒川区に突入

次なる都電沿線のおすすめ散歩先は、飛鳥山と王子駅前。これまで専用軌道を進んできた都電は、このあたりから交通量の多い道路を車と並走します。それは、かつて都電が都内中を網羅していた時代の走行状態を実体験できるということ。

そして、飛鳥山電停から王子駅前電停の間には、東京二十三区内の鉄道線路でもっとも急な勾配六十七パーミル（千メートルの区間で六十七メートル高さを上下する）という急坂があり、なかなかスリリングな乗車体験をすることもできます。

このあたりは土地の起伏が激しく、標高二十五・四メートルの飛鳥山の傍らには、江戸時代は急流だったという石神井川が流れています。飛鳥山は江戸時代の桜の名所で庶民の遊興の地。明治時代には、日本資本主義の父で、このたび一万円札の肖像画にもなった渋沢栄一が邸宅を構えました。その本邸は戦災で失われましたが、敷地内にあった「晩香盧《ばんこうろ》」「青淵《せいえん》文庫」という二つの建物は被災を逃れ、一般公開

線路の曲線と勾配が、都電の醍醐味。沿線各所にある、ほぼ直角のカーブ

されています。国の重要文化財にも指定されている立派な建物です。

王子駅前電停から再び都電に乗ると、その先で電車は荒川線の路線名の由来になった荒川区に突入。荒川車庫前、荒川遊園地前といった電停が続きます。都電荒川車庫の隣りには、その全盛期を彩った名車両が二両展示され、鉄道マニアでなくても、昭和の頃の都電はこんな車両だったのかと、その歴史と趣きを感じることでしょう。

そして、そのお隣りの電停が荒川遊園地前。あらかわ遊園は大正十一年開業。荒川の水を利用した池や滝のある避暑地、遊興の地として運営されてきたとか。昭和二十五年に荒川区営になり、令和四年には三十年ぶりにリニューアルされ、観覧車、メリーゴーランド、豆汽車などのあるレジャーの場として親子連れでにぎわっています。

遊園地の敷地は隅田川沿い。早稲田の神田川沿いを出発した都電がいつの間にか隅田川近くに到達していたことに驚きます。

この荒川遊園地前や尾久付近は、大正期に工業地帯として発展した地区。そこで働く人々も増え、大正三年に西尾久の地でラジウム温泉が発見されたことで温泉旅館が次々に開業し、尾久八幡のある「宮ノ前」電停近くは芸者置屋と料理屋の二業地となり、その後、三業地して発展したそうです。昭和十一年にはこの尾久の待合が「阿部定《あべさだ》事件」の現場となったことは有名ですが、それがどんなセンセーションを巻き起こしたかを知る人は、今や少なくなっているような気がします。

終点・三ノ輪橋は「三丁目の夕日」の世界

この先の町屋駅前電停は京成町屋駅前でもあり、線路沿いや駅周辺はにぎやかな商店街です。

昭和末の頃、父方の祖父が九十歳で亡くなった時、この駅近くの町屋の斎場で弔うことになり、初めてこの街に来たことを憶えています。当時の町屋斎場は現在の建物に建て替わる前で、施設内には、まるで小津安二郎の映画に出てくるような日本間の待合室が並んでいました。そこで、親戚一同お茶を飲みながら祖父の思い出話をして過ごしたことを今も記憶しています。

斎場に続く道は京成線の高架沿いにあり、その高架下にはなぜかひな人形店など、戦前からそのまま続いているような商店が並んでいましたが、その街並みも高架の耐震補強工事などにより失われています。

終点の三ノ輪橋電停は、あえてレトロ趣味の「三丁目の夕日」のセットのようにリニューアルされ、外国人観光客などにも人気のようです。その先には荒川線の前身、王子電気軌道の昭和二年築の旧本社ビル（現・梅沢写真会館）が残っているので必見。そして、この街一番の名所は「ジョイフル三の輪商店街」。八百屋さん、パン屋さん、惣菜屋さんなどが並ぶ、昭和の香りを満喫できる商店街です。

数年前、このジョイフル三の輪商店街に取材に行く用があり。都電なら最寄りの電停から乗り換えなしで到達できると思い、調べてみると、乗車時間が一時間近くかかることが判明。山手線と地下鉄を使えば三十分ほど。しかし、時間がかかったとしても都電だけで目的地に到達できることは今時稀なことだと思い、ちょっと早起きしてゆるゆるとアクセスしてみたことがありました。

昭和三十年代頃までは、バスも地下鉄も今のように発達していなかった時代。東京中を都電の路線が網羅していたその頃をついつい懐かしいと思いますが、当時を知る人に聞くと、都電はスピードが遅いので、どこに行くにも今よりもかなり時間がかかったということでした。

再開発やインバウンドでどんどんリニューアルする東京を見て歩くことも、私は結構楽しんでいるのですが、時にはその変化の速度に追いつけず疲れることもあるのです。だからこそ、私はあえてゆるやかな時間を体験するために、都電に乗ってひとり散歩に出かけているのかもしれません。

東京のローカル線、東急多摩川線で鉄道マニア入門

私が、人生後半の四十代から始めたのが、鉄道マニアの修行です。その年代になってなぜ突然と問われれば、幼い頃からなんとなく電車、鉄道が好きだったからでしょうか。家の近くにはＪＲ山手線、西武線、都電の線路があり、今思えば、道端や駅前の橋上からさまざまな電車を見て育ったのが、幼少時からの刷り込みだったのかもしれません。

鉄道は、都市のインフラとして重要な要素。長年編集していた雑誌「東京人」では、「都電」「地下鉄」「なつかしの国鉄」など、鉄道関連の記事が毎度好評で、よく特集も組んでいました。その企画や取材過程で、鉄道写真家、鉄道博物館学芸員、そして子どもの頃からの筋金入りの鉄道マニアである編集者友人など、強力な〝鉄人〟たちの教えを受ける機会があり、私は徐々にその道の虜になっていったのです。

そうして鉄道趣味に目覚めてみると、東京という都市は、路線数も、鉄道遺産、名所も多く、まさに鉄道パラダイスであることに気がつきました。地方のローカル線や廃線直前の路線に乗りにいったり、秘境駅を目指したりするのももちろん楽しいのですが、さまざまな列車が往来し、ダイヤが密である東京は、鉄道趣味の入門、修行にはうってつけの場所なのです。

当時の私はまだ修行中の身でありながら、無謀にも鉄道本の執筆、鉄道マニアの方々が愛読する雑誌「鉄道ジャーナル」での連載、そして都内各駅のグッとくる鉄道ポイントを紹介するウェブ連載などを担当。鉄道写真も自ら撮影することを課され、一眼レフカメラと望遠レンズを購入し、駅や線路ぎわでなりふり構わず車両の姿を狙う「女鉄ちゃん」となりました。

そんな鉄道取材に行く時は当然、常にひとり。鉄道趣味は、写真を撮るにしても、ただ走行風景を眺めるにしても、人によってそれぞれの目的関心が異なるものなので、単独行動が基本スタイルです。

そうして、都内の鉄道を追求し始めると、数十年この都市で生きてきたというのに、一度も乗ったことのない路線が案外たくさんあることに気づき、驚いたもののです。例えば、東武鉄道には東上線、伊勢崎線（スカイツリーライン）以外にも亀戸線や大師《だいし》線が。西武鉄道には池袋線、新宿線以外に拝島線や国分寺線、多摩湖線といった路線があり、それぞれの路線網を形成しているのですが、そうした各私鉄ワールドが都内に存在していたことをようやく知り、それらを追求するのに一時期熱中。そうするうちに、都内の鉄道路線を完乗することもできました。

また、東急電鉄に関しては、母方の祖父母の家のある東横線沿線は把握していましたが、それ以外の田園都市線、池上線などにはあまり乗る機会がなく、中でも東急多摩川線は未知の路線。二〇〇〇年に、それまでの目蒲線が、目黒線と多摩川線に分離され、その「多摩川駅」から「蒲田駅」の七駅間が多摩川線となったため、目蒲線に乗ったことはあっても、多摩川線には乗ったことがないという状況でした。

しかし、この多摩川線に乗りにいってみると、今は貴重になった鉄道風景や、思いがけない街並みに出会い、都内における鉄道旅に絶好な路線だということを発見し、なかなかおもしろいと感じたのです。

令和の東京に残る木造駅舎に感激

多摩川線沿線で出会うことができるのは、木造駅舎、新幹線鉄橋、近年は少なくなった駅前に踏切と商店街のある街並み、終点駅の頭端式《とうたんしき》ホームなどなど。

そしてその沿線では、田園調布に近い住宅街から、工業地帯、東京最南端の大繁華街・蒲田の街といったバラエティに富んだ街並みを味わうこともできます。

その起点は、東急東横線も停まる多摩川駅。私が子どもの頃、この駅は「多摩川園」という駅名だったことを記憶しています。駅前には多摩川園というレトロな遊園地がありましたが七〇年代終わりに閉園し、その後セレブ向けのテニスクラブに、そして現在は大田区立の「田園調布せせらぎ公園」という自然豊かな公園になっています。

多摩川線は、たった七駅の路線。電車は駅の地下ホームを出発すると、多摩川と並行してその下流方向へと走り、あっという間に隣りの「沼部駅」に到着します。沼部駅の駅舎は木造。ホームの椅子も懐かしいデザインの木製のものです。東急線では池上線のホームにも木製椅子が残っていますが、この沼部駅の白いペンキ塗りの駅舎と木造ベンチは、貴重な鉄道遺産だと思えます。

そして、さらにこの駅を素晴らしいと感じる理由は、ホームから、多摩川線の線路と垂直に交わる東海道新幹線の高架線が間近に見えることです。

しばらく待ち構えていると、新幹線ならではの独特な走行音とともに、十六両編成の超特急があっという間に通過していく様子を見ることができました。東海道新幹線の最高速度は時速二百八十五キロ。都内ではそれよりもかなり速度を落として運転しているはずですが、それでも近くから見ると、在来線とは異なるスピード感と威力を感じます。

駅前の踏切を渡り、多摩川の川原に出ると、そこは新幹線多摩川鉄橋の絶好なビューポイント。

河川敷におりていくと、あたり一面は草で覆われ、草いきれの中を歩いていくと、本当に鉄橋のそば、真下までも近寄ることができて、鉄道マニア的な興奮は極限に達します。

その鉄橋下に近づくと、橋の下では将棋を指しているおじいさんたち、携帯椅子

東急多摩川線沼部駅で見つけた懐しの木造ベンチ

に座り川辺で雑誌を読んでいるおじさん、犬の散歩をしている人、草野球をしている子どもたち、それぞれがこの場所を楽しんでいる様子に、こちらものどかな気分になります。

しばらく鉄橋風景に陶然とし、沼部駅へと戻ることにしましたが、途中、このあたりの住所が大田区田園調布本町や田園調布南だということに気づきました。東横線の田園調布駅とは二駅ほども離れていて街並みもずいぶん異なるのに、ここも田園調布エリアだったとは驚きです。

工業地帯、遊廓跡の名残を求めて

再び沼部駅から電車に乗ると、多摩川と並行する線路を電車は走っていきますが、車窓から多摩川が見えるほど、線路は川に近くありません。

隣りの「鵜の木駅」は商店街がにぎやか。駅前には踏切があって、それを取り囲むように商店街が広がっています。ちょっと前まで、東京の私鉄沿線の小さな駅前の典型的な風景でしたが、近年は鉄道の高架化・地下化が進み、そんな駅前も数少なくなりつつあります。途中下車して街並みをじっくり味わってみるのもよいでしょう。

再び電車に乗り、「下丸子駅」「武蔵新田駅」に向かうと、多摩川方向の車窓には中小の工場の建物が見えて工場地帯らしい風景になってきます。

一九九〇年頃の地図を見ると、このあたりの多摩川沿いには、三菱自動車、キヤノン、日本精工、三井精機などの大きな工場が並んでいます。今、そのほとんどは大規模マンションに建て替わっていますが、キヤノンは未だこの地に健在。昭和二十六年から、この下丸子の多摩川沿いの工場のある場所がキヤノンの本社なのだそうです。

武蔵新田駅近くには、昭和二十年の終戦直前に赤線地帯、つまり公娼街が設けられたという歴史があります。江東区にあった洲崎《すさき》遊廓の業者が戦時中に営業施設を接収されてしまったため羽田の穴守稲荷神社前に移転。その場所も飛行場拡張のために立ち退きになり、この土地に移転してきたのだとか。戦中からは周辺の工場労働者、戦後は進駐軍の客で繁盛したそうですが、昭和三十三年の売春防止法施行とともに廃業。今、その遊廓のあったというあたりに行ってみると、ごくふつうの住宅街で、かつての名残はまったく感じられませんでした。

次の「矢口渡駅」を過ぎると線路は東へ

東急多摩川線路線図

と大きくカーブし、電車は終点蒲田駅へと近づいていきます。駅直前で、多摩川線は東急池上線の線路と合流し、蒲田駅に到着。

東急の蒲田駅のホームは、鉄道の終着駅ならではの頭端式。構内の雰囲気は、かつての東急東横線渋谷の地上駅によく似ていて、懐かしさで胸が熱くなります。

この東急蒲田駅のホームの両脇のガラス窓には、なぜか富士山のような台形のものがあり、私はこれに〝蒲田の富士山〟という愛称を勝手につけて、この駅を訪ねるたび、眺めるのを密かに楽しみにしています。

終点・蒲田で、さらに鉄道趣味を追求

蒲田駅は、東京城南地区の一大ターミナル。隣り駅は神奈川県の川崎駅なので、東京の鉄道地理における最南端の関所のような位置にあり、多摩川線のほかに東急池上線、JRの京浜東北線、そして京浜急行の本線と空港線という数多くの路線が集結しています。

このうちJRの駅は、東急の駅と隣接しているのですが、京急の蒲田駅は、JR

駅東口を出て十分ほど歩いた場所にあり、乗り換えはなかなか大変です。そこで東急蒲田駅と京急蒲田駅を線路でつないで、京急空港線での羽田空港へのアクセス向上を目指す「蒲蒲線」構想が検討されていますが、果たして実現するのでしょうか。

東急線を降りた蒲田駅西口の近くにはもう一カ所訪ねてみたい鉄道名所がります。それは駅から徒歩十分ほどのところにあるJR京浜東北線の車両基地、「大田運輸区（旧蒲田電車区）」です。

ここは、松本清張の代表作「砂の器」の冒頭で、遺体が発見される場所。野村芳太郎監督で映画化された作品にも、当然この場面が登場します。当時の京浜東北線の車両は、懐かしの１０３系。映画の画面にはスカイブルー色の電車が並ぶ風景が映し出され、今この場面を見ると、国鉄時代が遠くなったことを感じます。

蒲田駅西口から京浜東北線の線路沿いを下り方向に歩いていくと、目の前に踏切が現れますが、この御園《みその》踏切を通って、蒲田駅へと電車が行き来しているのです。踏切を渡った先が運輸区なのですが、巨大な施設なので、延々と歩いてもなかなかたどりつきません。やがてスカイブルーの帯の入った電車がたくさん並んでいるのが見えてくると、自らの鼓動が高鳴るのを感じます。

現在の京浜東北線の車両はＥ２３３系のステンレス車両で、かつての重厚な１０３系に比べるとありがたみがないようにも思えますが、たくさん並んでいると迫力があり、見応えもあります。広い広い車両基地のまわりを一周して、思う存分電車を眺め、大いに満足したので蒲田駅に戻ることに。

駅近くには、東急蒲田駅の高架下沿いの飲み屋街や、それと平行しているアーケード商店街など、猥雑で活気のある街並みが広がっていて、そんな街並みを歩くのも楽しく。数年前まで駅前には、国内には数少なくなったというグランドキャバレーがありましたが、閉店したらしく見当たりません。今も昭和レトロな味わいがある蒲田の街ですが、平成、令和と、だんだんに変化してきているのでしょう。

改めて多摩川線の路線図を見ると、全区間が大田区内で完結していることに気づきました。起点の多摩川駅付近は田園調布に繋がる住宅街。そして終点蒲田は、まったく雰囲気の異なる繁華街で、その間は工業地帯という点でもおもしろい路線です。

そして終点の蒲田駅からは、どの鉄道路線に乗って帰るかは、よりどりみどり。

多摩川線とも沿線色の異なる東急池上線で五反田に出るのもよいし、ＪＲ京浜東北線で大森、大井町と各駅停車しながら品川に出るのもよし。また、京急蒲田駅まで駅東口側の街を歩いて、京急線で品川に出るのも魅力的。

蒲田は、鉄道を追求し、眺めて、歩いて、乗る楽しみが尽きない街なのです。

「好き」を求めてどこまでも

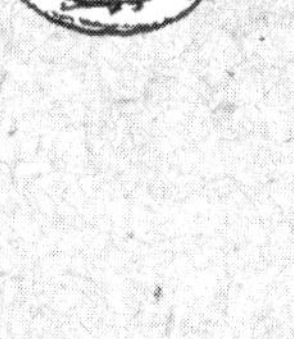

下町の洋食屋さんで〝孤独のグルメ〟体験にチャレンジ

大学生の頃に家の本棚で見つけたのは『東京・味のグランプリ200』という飲食店ガイド本。食味評論家の山本益博が、東京の伝統食である「すし」「そば」「てんぷら」「うなぎ」「洋食」「ラーメン」の店を、日本で初めてミシュラン方式の星の数で評価するという、当時としては画期的な批評本でした。食いしん坊で、いい店うまい店ありと聞けば訪ねてみなければ気のすまない父が見つけてきた本に違いありません。

その遺伝子を引き継いだらしい私も、この本を熟読。なかでも特に興味を持ったのは「洋食」の部門。紹介されているのは浅草、根岸、人形町、日本橋、上野など大半が下町地域の店で、洋食の本場は東京下町なのだと知りました。一軒一軒の店の評価を読むと、特に星の数が多くついている店はどこもおいしそう。

なかでも、山本益博が絶賛する人形町「キラク」のビーフカツには魅力を感じ、ぜひ味わってみたいと熱望するようになりました。本の記述によると、キラクはカウンターだけの店で、注文するとひとりで揚げ場に立つ主人が冷蔵庫から肉を出し、その肉を秤にのせ大きさを整えて塩胡椒を振る、その一連の動作の手際のよさ、瞳の凝らしかたが只者ではないとか。そしてそのカツは、衣は香ばしく、牛肉の滋味たっぷりで、しかも安い、とあります。

カウンターだけというこの店には、ひとりで行くべきなのではと思い、当時弱冠二十歳だった私は、ビーフカツ食べたさに、下町・人形町へ、人生初の〝孤独のグルメ〟体験に向かったのです。

大学生の時初めて訪ねた下町・人形町

東京生まれ東京育ちだとはいえ、私が人形町という街を訪ねたのはこの時が初めて。住所は日本橋人形町なのだから、日本橋の高島屋や三越のあたりから歩いていけるのかと思いきや、地図を見ると結構離れていて、日本橋からさらに都営地下鉄浅草線に乗り換えて行ったことを記憶しています。

人形町駅で地上に出ると、日本橋駅あたりとはまったく違う素っ気ない街並みで、これがいわゆる下町らしいということなのかと戸惑いましたが、交差点近くのキラクの店はすぐに見つかりました。

店に入ると女の客は私だけ、しかもほかはおじさんばかりで一瞬気後れしましたが、ここまで来て引き下がるわけにはいきません。ビーフカツを注文し、カウンター越しに、本に書いてあった一連の調理動作に注目。出てきたビーフカツをおいしくいただいて満足し、せっかく来たのだからこのあたりを探検してみようと、人形町通りや甘酒横丁を歩いてみると、ようやくこの街のおもしろさがわかってきたような気がしたものです。

昭和末の人形町にはまだ戦前の古い商店建築が残っていて、そうした街並みに新鮮さを感じたのでしょう。その頃は杉サマ＝杉良太郎が甘酒横丁を抜けた先の明治座で定期的に公演を行い、そのファンのおばさまたちが界隈を闊歩されていた時代。その後、下町ブームとやらで、このあたりは若者世代のトレンドスポットにもなっていったのですが。

実は、人形町の甘酒横丁を抜けてまっすぐ進んでいくと到達する隅田川沿いの浜町公園あたりは、わが鈴木家一族が関東大震災前まで住んでいた場所なのだそうです。江戸時代からこの辺で鼈甲屋を営んでいたそうですが、震災で一帯は壊滅的な被害に遭い、当時は郊外だった目白の家に居を移したのだとか。明治生まれの父方の祖父は、この浜町の家で生まれ育った人で、今思えば東京下町風の喋り方、風貌の人でした。

食の街・人形町の魅力にどっぷり

人形町、浜町とはそんなつながりもあり、その後、雑誌「東京人」の編集者になった私は、それまであまり出かけることのなかった下町エリアを探究しなければと、この界隈にもよく出かけるようになりました。

それ以来、「玉英堂」の虎の毛皮のような模様のどら焼きや「壽堂」の黄金芋《こがねいも》、「柳屋」のたい焼きなど、人形町の老舗のお菓子は、今日に至るまでかなりの数を食べ続けてきたはずです。

親子丼と軍鶏《しゃも》鍋の「玉ひで」（現在リニューアル中で二〇二五年再オープン予定）はその頃すでに大変な人気で、昼時にはいつも親子丼目当ての長い行列ができていました。

この玉ひで周辺を歩くと、レトロな喫茶店「快生軒」や、建物が登録有形文化財に指定されている料亭「よし梅芳町亭」、日本酒居酒屋として有名な「きく家」など、人形町の名店をあちこちで見つけることができます。

魚の粕漬けの「魚久」、「今半」や「日山」の精肉店、店頭に焼き鳥や卵焼きも並べている鶏肉店、お惣菜などの店もいろいろあって、この街に来ると、帰りにあれこ

れ買い込みがちです。この近くに住んでいる友人によると、今半でお肉を買うには月末のセールが断然お得だとか。

そのほかにも人形町には「芳味亭《ほうみ》」という洋食の店があり、こちらは、カウンターだけのキラクとは異なり、お座敷もあり、伝統のデミグラスソースを使ったビーフシチューや、オムライス、洋食弁当なども出している本格洋食の店。昔ながらといった感じの店の雰囲気もよく、昼時に何度か訪ねたことがありました。

そのお店は甘酒横丁から脇道に入ったところにあったのですが、最近、久しぶりに人形町を訪ねると、その芳味亭が甘酒横丁沿いに新店を構えているのに遭遇。昭和レトロ風ですが、すっかり真新しい外観になっているのに驚きました。近くの老舗主人によると、芳味亭の先代主人が亡くなり、その後を人形町今半が事業継承し、店の場所も移転して、このような形になったのだとか。

キラクは、先代が亡くなった後、「キラク」の店名と店をそのまま継いでいる店と、「そよいち」というそこで働いていたスタッフたちによる店双方がその味を継承したそうですが、現在キラクは長期休業中のよう。そうと知って、近いうちにそよいちを訪ねてあのビーフカツを再び味わってみなければと決意しました。

私がこの人形町という街と出会った昭和末頃からすでに数十年。店が代替りしても、その屋号や味は受け継がれているのは、人形町の食の伝統に、それだけの価値とプライドがあるということなのでしょう。

浅草で満腹になった後は、スカイツリーを徒歩で目指す

東京の代表的な下町の繁華街・浅草にも、私は恥ずかしながら大人になるまで行ったことがありませんでした。しかしながら「東京人」の編集者になってからは、さすがに浅草やその周辺での取材や撮影が多く、この街を訪ねるたびに徐々に立ち寄り先が広がっていったという感じです。

浅草には洋食だけではなく、寿司、そば、天ぷら、どじょう、すき焼きなどの名店がひしめいていますが、ひとり散歩の時目指すのはやはり洋食の老舗。「うますぎて申し訳ないス!!」のキャッチフレーズを掲げている「ヨシカミ」です。

ここの路地裏のようなロケーション、オープンキッチンのライブ感のある店内、ギンガムチェックのテーブルクロスなどはすべてが下町らしく感じられて、とても

好きなお店です。何より昼から夜まで通し営業しているので、人出の引いた昼の遅い時間にひとりで立ち寄るのにもちょうどよいのです。エビフライ、ビーフシチュー、ハンバーグなど品数の多いメニューから今日は何にしようかと毎回迷うのも楽しく、浅草ならではの雰囲気とともに料理を堪能します。

洋食で一息ついてからは、お散歩タイム。東京スカイツリーができてから、浅草に来ると隅田川の対岸にその姿がそびえているのが見えて、新たなランドマークになり、距離的にも散歩の目的地にちょうどよい存在になりました。

東武スカイツリーラインの線路沿いにできた隅田川を歩いて渡ることができる遊歩道「すみだリバーウォーク」は、その絶好なルート。電車で一駅くらいの距離は、ちょっとカロリー高めの洋食を食べた後の腹ごなしに持ってこいでしょう。

日本橋の気取らない名店・たいめいけん

改めて、子どもの頃の外食体験を思い出してみると、私にとって人生初の下町の洋食店は日本橋の「たいめいけん」だったはずです。店内にはいつも活気があり、気取らない雰囲気、値段も手頃で何を頼んでもおいしく、メニューが豊富で大人も子どもも大満足ということで、家族全員の大のお気に入りの店であり、銀座や日本橋のデパートに出かけた時にはよく立ち寄っていました。

現在のCOREDO日本橋、以前の日本橋東急デパート裏の「たいめいけん」は、一階がカジュアルな食堂風で、二階がそれよりは高級なレストランでした。最初は一階で食事をして、おいしさとコストパフォーマンスのよさに驚き、やがて二階のレストランにも行くように。ここに来ると毎回頼んでいたのは、サービスメニューとして五十円で提供している「コールスロー」と「ボルシチ」。現在の価格は百円になっていますが、相変わらず名物料理としていることに感心します。

また、冬になると伊勢・的矢の生牡蠣を味わうことができて、両親がそれを大変ありがたがっていたので、私は今でも的矢牡蠣信奉者です。当時は初代主人の茂出《もで》木《ぎ》心《しん》護《ご》氏が健在で、その姿もよく見かけました。その奥さんである大女将さんがいつもお勘定場で店番をしていて、うちの母親が「あのお婆さんは、若い頃美人だったに違いない」と店を訪ねるたびに言っていたのを今でもよく憶えています。

たいめいけんの店のあった場所は現在再開発中で、仮店舗が日本橋川の対岸で営業中。一階はここでも昼夜通し営業なので、やはり昼過ぎの混雑が収まった時間帯にひとりで利用するのに具合がよく、たびたび立ち寄っています。

再開発が進んでいる日本橋では、要所要所に歴史的な建造物を残しつつというのが、まちづくりの方針だそうで。この街の要である〝日本橋〟のほか、三越、三井本館、日本銀行本店、髙島屋と、国の重要文化財が数多くあり、そんな歴史的建物だけを巡ってみると、界隈の歴史性と格調の高さを実感できるはず。日本銀行、髙島屋、三越では、建物を案内する無料ツアーも行われています。

現在のたいめいけん仮店舗のある日本橋川沿いの道は、関東大震災前に日本橋に東京の魚河岸があった時代には寿司屋が並んでいた通り。

周辺では今も、鰹節の「にんべん」「八木長」「山本海苔店」などの海産物や、練り物の「神茂《かんも》」、包丁の「木屋」など魚河岸時代から続く老舗が商いを続けています。そこから裏通りに入ると、江戸時代から残っている路地や、下町らしい店構えの商店に出会い、表通りとは異なるこの街の貌《かお》を意外に思うでしょう。

ひとり散歩のヒント

人形町で「孤独のグルメ」を追求　▼MAP100ページ

人形町通り西側の人形町一丁目界隈（**快生軒、玉ひで、よし梅芳町亭、そよいち、きく家**）

人形町通り沿い（**鳥近、魚久、日山**など）

甘酒横丁（**玉英堂、柳屋、鳥忠、志乃多寿司**など）

明治座、水天宮などへ行ってみても

小田急線、東急世田谷線沿線パン屋さんめぐり

この十年以上、パンのブームが続いています。街を歩いていて行列ができているのは人気のパン屋さんであることが多く、世の中にこんなにパン好きの人がいたんだと驚いたりもしています。そして、天然酵母、国産小麦、高級食パン、薪窯、高加水など次々と現れるパン業界の新トレンド。すべてをフォローするつもりはありませんが、どうも気になってしまうというのが正直なところです。

私が二十代だったバブルの頃からは、ティラミス、パンナコッタ、カヌレ、ロールケーキ、焼き菓子、そして最近はドーナツなど、常にその時々の流行りのお菓子のブームが続いてきました。その後、さらにパンも、トレンドや人気店とともに語られる存在となってきました。

パン好きの友人に、「なんでこんなにパンが人気なんだろうね」と尋ねてみたと

ころ、「たった数百円で幸せな気分になれるからだよ」という答えが返ってきて、その時は一瞬「そうかな?」と思いましたが、だんだんとそれが、このブームの究極の理由だと思えてくるようになりました。街を無為に歩き回っていると、おいしそうな匂いと雰囲気のパン屋さんを発見することがあり、そんな時「明日の朝ごはんに」「今日のおやつに」と、一個でも気軽に買うことができるのがパンなのです。ケーキなどよりも手軽で買いやすいことは確かでしょう。

以前は、パンを目当てにどこかの街やお店に出かけていくことはなかったのですが、私には、無意識のうちにいろいろなお店でパンを買い込んでしまう街やエリアがあることに気づきました。それは、小田急線の代々木八幡、代々木上原あたり。そして、世田谷の豪徳寺から松陰神社前、若林、三軒茶屋といった東急世田谷線沿線なのです。

このエリアには魅力的なパン屋さんが多く、雑誌のパン特集で十年以上前から人気の「老舗」認定されている店が数多く存在しているほか、次々に新しい店もできています。

代々木八幡、代々木上原は人気のパン屋さん密集地帯

渋谷のNHKに取材に行く時、渋谷駅からは遠く感じるし、人混みを歩くのが嫌なので、私は地下鉄千代田線の代々木公園駅を利用することが多いのですが、この代々木公園駅は、ほぼ小田急線の代々木八幡駅前でもあります。その近くには「365日」「テコナ ベーグルワークス」「イエンセン」など人気のパン屋さんが何軒もあって、帰りにはついつい寄り道してパンを買い込んでしまうのでした。

365日は　日本橋の髙島屋などにもお店を出しているので、わざわざ寄らなくてもと思うのですが、この代々木八幡駅近くのお店は、パンのほか、ケーキ、調味料、野菜など品揃えが豊富。店員さんも感じがよく、パンの試食をすすめてくれたりするので、ついついバゲットやシナモンロール、クロワッサンやマフィンなどあれこれ買ってしまいます。ここは、食パン、ハード系、デニッシュ、惣菜パンなど作っているパンの種類もいろいろなので、選ぶのも一苦労。お店は、代々木八幡駅ホームに近い細い路地にあって、その並びには未だ八幡湯というお風呂屋さんが

あったりするロケーションもおもしろいのです。

やはり代々木八幡駅近くの路地を入ったビルの地下にあるのがテコナ ベーグルワークス。料理研究家の高橋雅子さんが出したベーグルの専門店で、「ふか」「もち」「むぎゅ」という食感の違う、あらゆる具材、トッピングのベーグルが店内に並び、ここもあまりの種類の多さのため、訪ねるたびにパニック状態に陥ります。実は、私はパンの中でもベーグルにはそれほど執着がなかったのですが、ここのベーグルは特別。通りかかるたびにさまざまな種類を味わってみたくなります。

この小田急線代々木八幡駅、東京メトロ千代田線代々木公園駅の駅前通りである富ヶ谷一丁目通りは、近年盛り上がっている渋谷の奥の、松濤、神山町、富ヶ谷などの奥渋谷（オクシブ）エリアともつながっていて、人気のワインバー、こだわりのコーヒースタンド、レストラン業界でも一目置かれているポルトガル料理店、朝昼晩とメニューを提供しているおしゃれフランス料理店などが点在する東京のグルメストリート。渋谷駅からは、かつての東急本店前を経て歩いてこられるので、時間と気力のある方は、渋谷駅を起点に代々木八幡駅を目指す、グルメ目的のお散歩を試みてはいかがでしょうか。

その代々木八幡駅前には小田急線の大きな踏切があります。ここを北側に渡った先の左側にあるのがデンマークパンのお店、イエンセン。店内には北欧のハードパンや、デニッシュ・ペストリー、ケーキなど本格的なデンマークのパン、お菓子が並んでいます。

実は私が大好きなのはこの手のデニッシュ・ペストリー。干しブドウなどドライフルーツを練り込んだもの、シナモンやカルダモンを用いたロール、チーズ、カスタードクリーム、ブルーベリーなどをトッピングしたものなど、ロイヤル コペンハーゲンのお皿にのせていただきたいような美しくおいしそうなパンが並んでいます。ふだん私は「アンデルセン」などのパン屋さんでこの手のパンを調達しているのですが、家の近くの歩いていけるほどの距離にこのイエンセンがあったらどんなによいだろうと夢見てしまいます。

店内には平野レミさんがこのお店を紹介している雑誌記事、大使館御用達ベーカリーとしているというデンマーク大使からの感謝状などが掲示されていて、ますますこのお店の味と格式の高さを実感しました。

イエンセンの先を左に曲がり、小田急線の高架に沿った道に出ると、この通りにも、人気のレストランや、新しくできたお店などが並んでいるので、このまま隣り駅の代々木上原まで歩いていくことにします。

その代々木上原で私が常に立ち寄ることにしているパン屋さんは、駅から徒歩十分弱、坂道沿いにある「カタネベーカリー」。

「ドンク」出身の片根さんのお店は小さいながら焼いているパンは、クロワッサン、カンパーニュ、デニッシュからあんぱんまでと種類が多く、価格も良心的。遠くから目指してくる人もいる一方、近所の人たちにもすごく愛されているお店でもあるようです。地下にはカフェがあって、ブランチやお昼に、幸せな気分になれるパンとお料理のメニューがいただけるのも魅力です。

イエンセンやカタネベーカリーなどに来ると、やはり、いいパン屋さんがあるということは、その周辺にそれを支持するお客さんがいるということなのだと感じます。代々木八幡、上原あたりには、食生活もちょっと贅沢で、おいしいものを知っている、豊かな感性と暮らしぶりの人たちが住んでいるということなのでしょう。

路面電車に乗ってディープ世田谷へ

そしてまた別のある日、私が試みたのは東急世田谷線沿線のパン屋さんめぐり。東急田園都市線の三軒茶屋駅から京王線下高井戸駅をつなぐ路面電車（軌道線）、世田谷線の沿線は、私にとっての「ディープ世田谷」。山手線から私鉄に乗り換え、さらに乗り換えてこなければ、到達することができない地帯なので、ふだんはこのあたりまで来ることはないのですが、わざわざやってくると、鉄道としても、沿線の散歩もおもしろい、ちょっとした都内鉄道旅を味わえる地域なのです。そして、この沿線には、人気のパン屋さんもたくさんあります。

十年ほど前、松陰神社に取材に行くことがあり、この時初めて世田谷線の松陰神社前という駅で降りたのですが、その駅前には当時すでに人気店だった「ブーランジェリー・スドウ」というパン屋さんがありました。このほかにも沿線には、山下駅付近に「ユヌクレ」という人気店がありましたが、こちらはコロナウイルス流行期に長野県に移転。その跡には現在「ブラン・ア・トーキョー」という注目のお店ができて、よく雑誌のパン特集で取り上げられています。また、若林駅近くにはやはり有名店の「ラ・ブランジェ・ナイーフ」が。そのほか三軒茶屋などにも気になるお店がいろいろあります。

一度まとめて全部回ってみたらと思いついた「世田谷線パンの旅」ですが、友だちと予定を合わせて、沿線のおしゃれなビストロでお昼でも食べつつなどと考えていたところ、ある日突然思い立って、ひとりで出かけてみることにしました。

東急世田谷線の起点は三軒茶屋駅。そして終点は下高井戸ですが、私が目指すお店のいくつかは山下駅近く。世田谷線の山下駅は、小田急線の豪徳寺駅前でもあるので、まずは新宿から小田急線に乗って豪徳寺を目指しました。

豪徳寺は、徳川幕府で大老を務めた井伊家の菩提寺。招き猫の寺として有名で、最近はこの招き猫目当てに外国人観光客が押し寄せているらしく、駅前には今までこの街で見たことのない数の外国人が群れていて驚きました。

豪徳寺駅の南北に続いている商店街は、車一台が通れるほど道幅の両側にお店がずらりと並ぶにぎやかな通りで、おまけにその道はグネグネと曲がりくねっているところがおもしろく、これは世田谷特有の、元は農道だったというグネグネ道なのでしょうか。

まずこの道を北に向かい、ユヌクレ跡のブラン・ア・トーキョーを目指します。

通り沿いにはやきとん、焼き鳥屋、ワインバーなどが並び、近くに住んでいたら家にまっすぐ帰れそうもない飲み屋街でもあり。そのほか、かわいいドーナツ屋さん、コーヒースタンドや、昭和の頃から変わらず商いを続けてきたような和菓子屋さん、煎餅屋さんなどもある楽しい商店街です。その途中で見つけたのは、「コトリベーカリー」というパン屋さん。国産小麦、自家製天然酵母でパン作りをしているということで、おいしそうなパンが並んでいたので、パン・ド・オリーブ、和三盆クリームパン、天然酵母のクランベリーとホワイトチョコの入ったパンを買ってみました。

さらにグネグネ商店街を進んだ北沢川緑道沿いにあるのがブラン・ア・トウキョウ。平日は午後三時に開店というめずらしい営業スタイルの店で、開店直後に訪ねると、店内にはおいしそうなパンがいっぱい並んでいます。近くの別店舗では、今流行りの「パン飲み」ができるそうです。

最近、数種のパンを一切れずつ盛り合わせたものやちょっとした料理とともにワインなどを飲む「パン飲み」のできる店が増えていて、この店でもぜひ試してみたいと思っていたのですが、パン飲みワインスタンドの営業は平日は夕方五時からだとか。再チャレンジすることにしました。

そして次に目指したのは豪徳寺駅南側の「フィーカファブリーケン」というお店。ここは北欧パン、焼き菓子やケーキもあるカフェですが、私が大好きなパン、カルダモンロールを作っているという情報をキャッチしていたので、ぜひ、これを手に入れたいと思っていたのです。カルダモンロールを作っているお店は都内にも案外少なく、ここで、一つだけ残っていたものを買えたのはラッキーでした。

幅広く奥深い世田谷のパンの世界

その後、山下駅から世田谷線に乗って松陰神社前へ。訪ねたいと思っていたのは、世田谷線沿線のパン屋の王様的存在「ブーランジェリー・スドウ」です。

世田谷区民の友人にかつて聞いた話だと、朝、このお店の前に行列ができているので開店を待っている人たちなのかと思ったら、食パンを予約してその受け取りに来ている人たちだったのだとか。とにかくすごい人気のパン屋さんらしいのです。

この日ブーランジェリー・スドウに行ってみると、シャッターが閉まっていてお休み。そして店頭に掲示してあるその月の営業カレンダーを見ると、なんと営業日は週三日。加えて「食パンのご予約は承っておりません」と書いてあり。やはりこのお店のパンを味わうには、開店日の早い時間に行くなど、かなり熱心に取り組まなければならないようです。

松陰神社前にはこの他にも、昔ながらの街のパン屋さん「ニコラス静養堂」、焼き菓子の「メルシーベイク」などの素敵なお店があるので、そちらに寄ってみましょうか。この数年間には、商店街のおでん種屋さんや、かわいいお店「カフェ・ロッタ」、古いマーケットの建物が壊されて入居していた古本屋さんなどが閉店してしまいましたが、この街にはまだまだ勢いがあり、今後も新しい、おもしろいお店が進出してきそうな予感がします。

そしてまた世田谷線に一駅乗って若林のラ・ブランジェ・ナイーフに。こちらは赤い扉のおしゃれな店構え。店内に入るとショーケースにはクロワッサン、ブリオッシュ、ドイツ系のハードパン、ベーグル、パネトーネとあらゆる種類のパンが並んでいて、またまた選択に迷うパニック状態に。クロワッサンほかいくつかのパンを選んで店を後にしましたが、かなりおいしそうに見えたパネトーネを買っておくべきだったと後悔し、たぶん近いうちに私はまたこの店を訪ねていくことでしょう。

最終目的地は三軒茶屋。この街の真ん中は、玉川通りとその上を覆う首都高速で分断され、その道沿いを歩いていると閉塞感と車の交通量で絶望的な気分になるのですが、ちょっと裏道に入ると、人通りの多いにぎやかな商店街が網の目のように広がっていて、一気に楽しい気分になります。

三軒茶屋の交差点から茶沢通りに入り、西友のある角を左に曲がり、その先をさらに右に曲がると、ここにもグネグネと曲がった路地があり、道の両側にはいろいろ楽しげな飲食店が並んでいます。その道沿いにあるのが、「三軒茶屋の明るいパン屋」という看板を掲げた「ミカヅキ堂」。三日月形のブリオッシュやクリームパンがおすすめ品だそうですが、この店にたどりついた時はすでに夕方になっていて、どちらのパンも売り切れ。店内のパンの種類も少なくなっていて、やはり人気のパン屋さんには早めの時間帯に来なければダメだと反省しました。

ミカヅキ堂の斜向かいで「ヨーロッパ食堂」という気になるレストランを見つけ、その店頭には、ミカヅキ堂のショップカードが一緒に置いてあって、同じ経営の店だとわかりました。次回の世田谷線パン屋さんめぐりは、お昼時にまずこのヨーロッパ食堂で食事をして、そのあとミカヅキ堂に寄るという順番で攻めてみましょうか。

世田谷線沿線、そして世田谷エリアのパン屋さん世界は海のように広く、そして深い。一度では攻略できないことを初回にして思い知りましたので、今後も私のお散歩テーマとしてさらに追求していくことにします。

お風呂も散歩もゆったりと銭湯を目的地にするひとり散歩

下町らしい街並みや商店街を歩いていて、煙突と唐破風《からはふ》のあるお寺のような銭湯建築に出会うと、気分が一気に盛り上がります。銭湯は、昔からのコミュニティの中心であり、お風呂屋さんのある街はいい街というイメージがあります。

今も、神楽坂には「熱海湯」、北千住には「タカラ湯」、御徒町駅近くには「燕湯」といった歴史ある名物銭湯が健在であることも頼もしいことです。

東京の伝統的な銭湯の特徴は〝宮型〟というお寺の本堂のような木造の建物。そんな歴史的な建築が、今も街中に存在し、営業し続けているのは驚くべきこと。ビル化して内風呂のある家がほとんどになっている街に、今も残っている銭湯は、二十一世紀の東京の歴史文化遺産とも言えるものでしょう。

私が子どもだった昭和四十年代には、家からの徒歩圏内に五軒の銭湯がありまし

たが、今はそのいずれもが廃業しています。雑司ヶ谷鬼子母神の西参道にあった銭湯には、小学校一年か二年の頃、同級生の友だち三人で入りに行ったことを憶えていますが、それは子どもにとってちょっとした冒険でした。

それ以前にも、家のお風呂に何らかの問題が発生したのか、母親と妹と一緒に、その銭湯に行ったことがあり、お風呂上がりにフルーツ牛乳を飲んで、夜の商店街を歩いたのは、温泉旅行に出かけたような楽しい体験でした。そう思うと、銭湯に行くことは、日常生活の中のちょっとした娯楽体験なのかもしれません。

令和の時代に、そんなビジネスを続けていこうとしている東京の老舗銭湯は、あえて〝攻め〟の姿勢に出ているところが多いようです。スーパー銭湯や温泉施設の台頭、サウナ・ブームといったなかで、新たなサービスや内装デザインなどで若者など、ふだん銭湯に行かない、行ったことのない客層を呼び込んでいる銭湯があちこちに見られるのです。

人気クリエーターがデザインした「黄金湯」目指して錦糸町へ

中でも私が以前から注目していたのは錦糸町の「黄金湯《こがね》」。昭和七（一九三二）年創業の老舗ですが、二〇二〇年にリニューアルした店舗内装のデザインは建築家・長坂常《じょう》。通常は富士山などの風景画の描かれている風呂場の背景画は、マンガ「きょうの猫村さん」の作者〝ほしよりこ〟が、江戸の庶民が風呂を楽しむ様子を描いているのだとか。どちらも私が注目しているクリエーターなので、以前からぜひ訪ねてみたいと思っていたのです。

黄金湯があるのは錦糸町駅北口側の、以前は時計のセイコー、精工舎の工場があった場所の北側。精工舎の建物は二〇〇六年に「オリナス」というショッピングセンター、タワーマンション、オフィスビルなどの複合施設に再開発されていますが、それ以前の、昭和初期に建てられた中央に時計台のあった精工舎の建物も私の記憶に残っています。二十代の頃、タクシーの車内に忘れ物をして、それを受け取りに行った車庫・営業所が、この精工舎の建物のすぐそばにあったのです。すでに工場としては操業していませんでしたが、それは、長年この地域のランドマークとされてきたと思われる立派な建物でした。その隣りは錦糸公園。関東大震災の復興事業でできた公園で、東京大空襲後には、数多くの被災者を仮埋葬したというこの下町地区の歴史を象徴する場所でもあります。

おそらく、私が錦糸町という街を訪ねたのはこの時が初めて。下町といっても、浅草とも、門前仲町とも違う雰囲気におもしろさを感じたものです。

本所地区と言われるこのあたりは、明治以降は工業地帯として発展し、セイコーのほか花王、ライオン、カネボウなどの大規模な工場が居並ぶ地域でしたが、高度経済成長期以降はその多くが移転し、街並みはずいぶんと変化してきたはず。黄金湯は、その推移を見つめ続けてきた存在ということになります。

そして、この二十年ほどの間、錦糸町は再開発によりさらに大きく変化しました。駅北側ではオリナスのほか、国鉄の錦糸町貨物駅跡に、すみだトリフォニーホールやシティホテル、商業施設・アルカキットなどが建設され、二〇〇三年には地下鉄半蔵門線の錦糸町駅も開業。そして二〇〇六年には錦糸町駅北側の押上の地が東京スカイツリーの建設地に決定。界隈はこの頃からどんどん活気づいていきました。

錦糸町の街は、東京の東側の代表的な繁華街として、それ以前からも大層にぎやかでした。南口駅前の鮮魚店「魚寅」にはいつもお客さんが群がり、競馬開催日の場外馬券売り場ウインズのまわりは大変な人出。その並びのマルイ裏の歓楽街のパブやクラブには、フィリピン、タイ、中国、東ヨーロッパと、世界各国の女性が勢揃いだとか。

駅前の楽天地ビルの前身は、阪急電鉄、宝塚歌劇の創業者・小林一三《いちぞう》が、戦前に江東地区の工場労働者向けの娯楽施設として設けた江東楽天地。現在のビル内にはシネコンや男性用の温泉施設があります。

錦糸町は、二十代になって初めて来た街ですが、さらにその後数十年の人生を経ると、たまに訪れただけでも、そのたびごとに変化、盛衰を感じ、親しみを持つようになってくるものです。

南口地区を一通り点検したので、いよいよ北口の黄金湯を目指すことにします。目指す黄金湯は、マンションとなっている建物の一、二階部分にあり、その店頭はおしゃれな飲食店のようなデザイン。のれんをくぐって中に入ると、番台にあたるのはバーのカウンターのようなフロントです。ここではお風呂あがりにビールやオリジナルのドリンクを飲めたりもするとか。館内には宿泊施設、アカスリ、飲食ラウンジ、コインランドリーも備えられ、男湯女湯には今時流行りのサウナもあります。

女湯の脱衣所に入ると、話題のデザイン銭湯を目指してきた女子客が多めと見ましたが、地元の常連さんも混ざっているよう。洗い場に入ると、女湯と男湯の間を隔てる壁は、天井に近い部分は空いているので、男湯側の話し声、お湯を流す音なども聞こえてきて館内が渾然一体となり、これも銭湯ならではのライブ感だと思えます。

私がたまたま出かけた水曜日は、週に一度の男湯と女湯の入れ替え日。女性客が、女湯にあるサウナよりも広めで、水風呂や外気浴スペースもあるサウナを利用できる日なので、それを目指してきた人が多かったのだとわかりました。

せっかくだからと私もサウナに入ってみると、人力で熱風を発生させるロウリュウが行われ、二分間の熱風に耐えました。大汗をかきましたが、水風呂に入る勇気はないので、ぬるま湯シャワーを浴びてもう一度お風呂に入ることに。

湯船に浸かっていると、近所に住むお客さん同士が世間話していたり、入ってきた知り合いと挨拶を交わしたり。ここは街のコミュニティスペースでもあるのだと実感します。

身も心もほどけ、受付横のバーでクラフトビールを飲んで、さあ帰ろうと、黄金湯前から四ツ目通りに出た途端、自転車に乗ったお相撲さんとすれ違い、その瞬間に漂ったのは鬢付け油の残り香。錦糸町、両国周辺は相撲部屋の密集地でもあります。通りの向こうには夜景仕様にライトアップされた東京スカイツリー。光り輝く存在感は絶大で、錦糸町の街全体がそのオーラに包まれていました。

高円寺には今も、〝東京のインド〟の残り香が

もう一軒、私がこのところ興味を持っている銭湯は高円寺の「小杉湯」。こちらも昭和八（一九三三）年創業という老舗です。今も、その昭和八年築の宮型の建物で営業し、店頭に登録有形文化財指定の銘板が掲げられていることに、この建物と歴史に誇りを持っているという心意気を感じます。

その小杉湯は、二〇二四年四月に開業した東急プラザ原宿「ハラカド」に「小杉

湯原宿」を出店。若者のファッションの街・原宿の注目の施設に進出とは、ずいぶん〝攻めて〟いるではないですか。それ以前にも、JR中央線沿線住民の知り合いの女子からも、「小杉湯はいいお風呂」という評判を聞いていたので、一度訪ねてみたいと思っていたのです。

小杉湯があるのは、高円寺駅の北口。駅前から純情商店街に入って、庚申通りに進み、西側に路地を入った商店街と住宅街の境界あたり。駅から歩いてくる途中には昭和九年創業という履物屋さん、日本茶専門店など古くからの地元のお店を見かけ、関東大震災後に住宅地として開けてきた街の歴史を感じます。

そして、高円寺の町を歩いていると伝わってくるのは、中央線沿線独特のグルーブ感。ここはやはり漫画家・みうらじゅんが証言しているように〝東京のインド〟なのです。七〇年代にヒッピーブームに影響された学生や若者が、ロック、マンガ、古着などのカルチャーを定着させてきたという歴史があり、当時の高円寺には、居酒屋で泥酔して北口駅前にあった噴水＝通称〝ガンジス川〟に飛び込むという〝通過儀礼〟があったのだとか。その噴水は、その後広場に改修されてなくなってしまいましたが。

街をゆくのは、髪が長めでアロハシャツ姿の団塊おじさん、バンドの練習帰りなのかギターを背負っている女の子たちのグループ、インド、バングラデシュ、パキスタンあたりの国籍とみられる人、地元のおじいちゃんおばあちゃん。女性も、服装がいわゆる〝きれいめ〟ではなく、個性的な人が多いようです。

同じ中央線でも、阿佐ケ谷、荻窪は、井伏鱒二や太宰治といった作家たちが集った歴史もあり文学寄りですが、高円寺のキーワードと言うと、やはりロック、古着、アジアでしょう。

小杉湯でお風呂に入るのを目的にやってきましたが、久しぶりに高円寺に来たのだからと線路の反対側、南口側にも行ってみようと、アーケードのあるｐａｌ商店街を歩いていくと、以前より古着屋が増えていて、その店頭には若い子たちが群がっています。すでに二十年以上も前から高円寺駅の南側は古着屋街となり、若い古着マニアを集客してきましたが、今もＺ世代の若者たちに人気のようです。

このｐａｌ商店街の道は微妙な下り坂で、この先には以前、桃園川という小さな川が流れていました。川は高度経済成長期に暗渠化されていますが、商店街の途中には今も橋跡が残っていたりします。

駅付近には、狭い路地に居酒屋やもつ焼き屋などが並んでいる、いわゆる中央線沿線の駅前居酒屋風景が健在。高架下は、以前は昭和な雰囲気の飲み屋街でしたが、いつの間にか「高円寺マシタ」と名付けられた小洒落た飲食店街になり、ワインバーやタリーズコーヒーなどが並んでいて雰囲気が一変していました。しかし、阿佐ケ谷方向に高架下を歩いていくとあたりは若干暗くなり、昭和の有楽町ガード下飲み屋街のような雰囲気に。やはり私は昭和の女。こうした昔ながらの街並みに親しみと安堵を感じるのです。

伝統と革新が持ち味、中央線の老舗銭湯「小杉湯」

真夏にあちこち歩き回って汗をかいたこともあり、そろそろお風呂に入りたいと、小杉湯に向かいます。駅の北口、路地を入った先にある小杉湯は、建物もロケーション自体もかなり魅力的。門前には「はらいそ」という居酒屋があり、知り合いの銭湯好き・酒好きは、小杉湯で風呂に入った後ははらいそで飲むと決めていて、両者を不可分なものと認識しているようでした。

昭和八年築の小杉湯は、ほどよく今風にリノベーションされ、番台はフロントに改められ、その横には、風呂上がりにマンガや絵本を読むことができるギャラリー・待合室が設けられていて、多くの人がここでマンガを読んでいます。女湯の脱衣所に入ると、錦糸町の黄金湯と同様、若いお客さんが多いようです。

浴槽は四つに分かれていて、お湯の温度四十二度のジェットバス、四十四度となり熱めの日替わり湯、ぬるめのミルク湯、そして水風呂があります。

高圧水流が身体の凝りをほぐしてくれるジェットバスでは肩こりと足の疲れがかなり楽になり、さらにその隣りの四十四度のお湯に思い切って入り、サウナのような熱さに耐えてみました。

その後はミルク湯でクールダウン。やはりここでも水風呂に入る勇気はなく、ほどよくゆだったので、あがることに。脱衣所も広々として、風呂上がりに化粧直ししたり、雑誌を読めるコーナーもあってゆったりとくつろぐことができます。

風呂上がり後も空いている脱衣所でゆっくりと過ごし、思い切り脱力したと、玄関で靴を履いて小杉湯前の路地に出た時、一瞬、自分がこの街の住民であるような感覚に陥りました。これは、よその街で銭湯に入ると得られる特別なマジックなのでしょうか。また、この不思議な感覚を体験するために、どこか知らない街の銭湯に出かけてみましょう。

ひとり散歩のヒント

黄金湯 東京都墨田区太平四‐十四‐六 JR錦糸町駅（北口）より徒歩六分 定休日／第二・第四月曜日 ＊水曜のみ男女入れ替え日

小杉湯 東京都杉並区高円寺北三‐三十二‐十七 高円寺駅（北口）より徒歩五分 定休日／木曜日

（店舗サイトより・二〇二四年九月末現在）

年間パスポートは、なかなか使い出のあるひとり散歩ツール

動物園や公園・庭園、美術館など「年間パスポート」を販売している施設は案外多いものです。これを手に入れて活用してみると、今までとは違う東京の楽しみ方ができるのではと、ある時思いつきました。

例えば、渋谷駅前のスクランブルスクエア屋上の展望スポット「渋谷スカイ」の年間パスは七五〇〇円。私の大好きな美術館、白金台の「東京都庭園美術館」の年間パスは六〇〇〇円で、美術館の庭園のみだと一五〇〇円。この渋谷スカイと庭園美術館のパスポートはすごく人気があるようで、年間の販売数は限定なので、あっという間に売り切れてしまうのだとか。そう聞くと、なんとか手に入れて、一年間思い切り使い倒してみたくなります。

一昨年、私が購入したのは上野動物園の年間パス。入場料が一般六〇〇円のとこ

ろ、年間パスは二四〇〇円なので、四回行けば元が取れる計算です。上野には家からも山手線一本で行けるし、年に四回くらいは使う機会がありそうです。実は、その時期の私は、パンダを見に行くのに熱中していたので、迷わず購入してみました。

年間パスを入手して、上野動物園の利用の仕方が変わった

二〇二二年は、中国からパンダが初来日してから五十年という節目の年でした。実は私、一九七二年のパンダ初来日時に、中国から来たカンカンとランランを見にいった、日本のパンダファン第一世代なのです。白黒の毛皮模様と座った時の体型がおむすびのようでかわいく、草食なのでなんだか平和な感じのするパンダちゃんは、当時から日本中の人気ものだったことを憶えています。

それからなんと約五十年の月日が経ち、二〇二一年六月には上野で双子のシャオシャオとレイレイが生まれました。当時は双子のお姉さん、シャンシャンもまだ上野にいたので、この時期はなんと家族五頭が勢揃いという、上野動物園のパンダ全盛時代となっていたのです。二〇二〇年からはコロナウイルスの感染が広がり、浮

草稼業の私は仕事も暇だったため、動物園の年間パスを買って、思う存分パンダちゃんに会いに通ってみようと思い立ったわけです。

母のシンシンと双子が共に過ごす様子を近くから見るには、数十分は行列に並ばなくてはならないのですが、毎回文庫本など読みながら待ち続け。何度か出かけるうちに、今日は空いてそうな日だから出かけてみよう、パンダの食事時間に合わせて行けばお昼寝していない活発な姿が見られるなど、経験値を重ねることによって、パンダ舎訪問のタイミングをはかるコツもつかめてきました。

そうするうち、上野の美術館で展覧会を見るついでや、秋葉原や谷中などに行く途中に動物園に寄ってみたりもするように。お互いパスを持っているならと、やはりパンダ好きの友だちと一緒に双子パンダを見に行ったこともあります。

同時に、子どもの頃から何度となく来ていた上野動物園という場所をより深く知ることもできました。サル山や、ホッキョクグマの飼育場、鶴専用の小屋など、上野動物園には、戦前からの歴史的価値のある展示施設もあり、寛永寺の五重塔があったり、不忍池の風景に季節の移ろいを感じたりもできます。

動物園にアクセスするにも、いつも利用していたJR上野駅公園口から近い正門以外に、西園不忍池側の弁天門や、地下鉄千代田線根津駅から近い池之端門も活用するようにもなりました。弁天門からは上野広小路などの繁華街が近く、池之端門は谷根千まち歩きにも便利な場所にあります。

動物園ではパンダ以外の、お気に入りの動物、ゾウ、トラ、ゴリラ、キリン、ハシビロコウなども毎回見て回っていたので、どこに何がいるかもだいたい把握してしまうように。当時はコロナ禍だったため、人と人とのつながりも希薄になり、生き物のあたたかさに触れることのできる動物園が人気だった時期でもありました。

上野では、二〇二三年にシャンシャンが中国に行き、その後お父さんお母さんパンダのリーリーとシンシンも中国に行ってしまいましたが、これからは双子が上野パンダの主役の座を受け継いでいくことでしょう。

季節ごとに訪ねて知る小石川植物園の真価

上野動物園での年間パスを購入してみて、これは、ひとり散歩主義者にとって、かなり使い勝手がよいツールだと気づいた私が、さらに購入したのは、「小石川植物園」の年間パスポートでした。

小石川植物園は、小学校の頃に遠足で行ったりしたことはありましたが、それ以来何十年もご無沙汰していた場所。ところが十年ほど前に再訪してみたら、東京大学附属という学術的な雰囲気がなんだか素敵で、公園とは異なる植物の研究の場としてのあり方が魅力的に思えました。その一方で、ボダイジュやユリノキ、ヒノキ、メタセコイヤなどさまざまな樹木の林や、徳川家の御殿だった時代からの日本庭園、春にはソメイヨシノ、秋にはモミジ、冬には梅と、四季それぞれの美しさという楽しみ方をすることもできることにも気づいたのです。

秋口に訪ねると正門の入場券売り場脇に、園内の木から落ちた〝カリン〟の実が置いてあり、「ご自由にお持ち帰りください」と書いてありました。たまたま、「枕元にカリンを置いて眠るとよい夢が見られる」という話を聞いたばかりだったので、ありがたくいただいて帰り、甘い豊潤な香りを楽しんだこともあります。

家から行きやすい小石川植物園の最寄り駅は丸ノ内線の茗荷谷駅で、駅から植物園の正門までは徒歩約十五分と結構距離があるのですが、その途中には国の重要文化財に指定されている「銅《あかがね》御殿《ごてん》」という豪邸や、見事な桜並木で知られる播磨坂、和菓子の名店、かわいいロシア料理のお店などもあって、歩いていくのも苦になりません。

植物園の正門は、駅方面からは坂を下りきったところにあり、周辺は、かつての小石川（谷端《やばた》川）沿いに印刷工場が並んでいた地域。現在も、大手の共同印刷の本社があります。この付近は、昭和初期に徳永直《すなお》のプロレタリア文学「太陽のない街」の舞台となった場所で、今まで歩いてきた高台地区とのコントラストが際立ちます。

しかし、小石川植物園の正門から園内に入るといきなり急な上り坂。この起伏の激しい地形がこの一帯の特徴で、それこそがこのあたりを散歩する醍醐味なのです。園

内は、坂道が多く、ほとんど土の上や原っぱを歩くことになるので、ここへの散歩は晴れた日がおすすめ。

帰りには、植物園正門から、再び急な御殿坂を上って都営地下鉄三田線の白山駅方面に行ってみると、白山神社、白山下から白山上へと、またまた坂を上り下りすることになります。

この白山付近にはイタリアン、台湾料理などのちょっとおしゃれなレストランもあちこちにあるのでそんなお店に入ってみてもよいし、食事をして休んだら、さらに南北線本駒込駅など、他路線の地下鉄駅まで歩いてもよいでしょう。

都内の名庭園に通い詰めるという野望も

年間パスポートには、ほかにも美術館、博物館などのものなど、いろいろあるのですが、おすすめは、やはり四季の移ろいを感じられる植物園、そして推しの動物に何度も会える動物園ではないかと思います。

また、「新宿御苑」や「六義園《りくぎえん》」、「小石川後楽園」などの大名庭園も季節ごとに

駒込の六義園。1200円の年間パスで、春夏秋冬の大名庭園を楽しめる

訪ねる楽しみがありそうです。実は私の人生の目標は日本全国の名園制覇。今までも京都「桂離宮」、高松「栗林《りつりん》公園」、金沢「兼六園」など素晴らしいと思った庭園は数多くありますが、それらと比較しても、東京にある江戸以来の大名庭園もかなりのレベルです。

日本庭園はやはり、いかによく手入れされているかが重要。駒込の六義園を訪ねると、常に完璧に手入れされていて、これで入園料一般三〇〇円では申し訳ないと思うほどです。年間パスポートは一二〇〇円。近所に住んでいれば、この値段で、自分の家の庭のように、ここに出入りできるのですから羨ましいものです。

このほかに、都立公園には「9庭園共通年間パスポート」一般 四〇〇〇円というのがあるそうです。旧岩崎邸庭園、旧芝離宮恩賜庭園、旧古河庭園、清澄庭園、小石川後楽園、国分寺の殿ヶ谷戸庭園、浜離宮恩賜庭園、向島百花園、六義園と、東京の都心、下町、武蔵野地域までの名庭園を網羅している使い出のあるものですが、これらを年間複数回巡るのはなかなかの大仕事。しかし、その一年間を庭園研究に注力すると決めて、これらの庭を各季節ごとに訪ねるというのも、有意義な体験になるのかもしれません。

美容室遍歴とともに、散歩のエリアは広がり

髪を切る、パーマ、ヘアカラー、ヘッドスパ、トリートメントと、美容室というかビューティーサロンでの目的もさまざま。ショートヘアの人なら毎月、ロングやストレートの人なら二カ月に一度ほど、定期的に通う場所になっているはずです。

どこのどんな美容室に通うかは結構悩ましい問題で、若い頃は仕事も忙しいうえに面倒臭くて、髪は伸び放題。どうしようもなくなると最寄りの駅前の美容室に行って切ってもらっていました。

地元である山手線駅前は美容室の数が多く、ある時新しくできたお店に入ってみると、担当してくれた店主の男性の美容師さんがいきなり「ヨシコちゃんのお姉さんですか？」と尋ねてくるではないですか。なんと、妹の小学校の同級生で、家にも遊びにきていたことのあるMくんが、ピーク・ア・ブーなどの有名店で修業後に

独立して美容室を開いていたのです。

十数年ぶりに出会ったMくんが、意外にも美容師さんになっていたという事実に驚き、しばらくはそのMくんのお店に通っていたのですが、その後、思い立って、自分が「ここぞ！」と思うお店、美容師さんに出会うまで理想の店を探してみようと、毎回違う美容室に行っていた時期があります。ファッション雑誌に出ているお店、私が素敵だと思う女優さんのヘアメイクを担当しているアーティストが経営しているお店などを選んでは果敢にチャレンジしていました。

当初は、新しいお店を訪ねるのに結構根性がいりましたが、だんだんと度胸がついてきて代官山、表参道、青山、銀座、麻布十番といろいろなお店を訪ね、土地柄によって、お店によって、サービスのスタイルも、仕上がるスタイルも異なることがわかってきました。友だちに薦められた麻布十番の美容室でカットパーマをお願いしたら妙にお水っぽい雰囲気になり、自分では違和感を持ったものの周囲の男性陣からは好評で、なんだか複雑な心境になったこともあり。

この〝毎回違う美容室チャレンジ〟は、都内や近郊に住んでいるのだったら、ぜひ挑戦してみてよい体験だと思います。人気ビューティーサロンには、地方から新幹線に乗って定期的に通ってくる人もいるのだとか。

有名店だけを対象にするのではなく、住んでいる地元や会社の近くでも、毎回違う美容室に行ってみると、やがて、自分に合うスタイルや美容師さんが見つかるのではないでしょうか。

美容室帰りの、六本木、銀座、南青山散歩

美容室はひとりで訪ねる場所。あちこちのお店に行くようになってから、髪を整えてもらった帰りにお店の周辺をひとり散歩するのも結構楽しいものだということにも気づきました。むしろ、その行き帰りにあちこち寄り道して楽しい場所にある美容室を行きつけにするというのもよいかなとも思います。

東京で人気の美容室のある街といえば、やはり港区、渋谷区あたり。その行き帰りには、ふだんわざわざ訪ねることがないファッションストリートやブランド店で最新トレンドを見て歩くことができたりもします。そこで買い物するかどうかは別問題で、度胸次第でどんなお店にも入っていくことができるので、探検のしがいの

あるエリアなのです。レストラン、カフェ、花屋さん、インテリアショップなどほかにも素敵なお店がいろいろあるので、誰かと待ち合わせする時に利用できそうな場所、プレゼントを選ぶのによさそうなお店など、自分の中の新しいアドレスが次々に広がっていきそうです。

そうして数年の間、都内のあちこちをさまよったあげく、私が行きつけにしたのは、乃木坂のビューティーサロン。女性誌で活躍する美容師さんの経営するお店で、訪ねてみると、店構えもお店のインテリア、雰囲気も素敵で、担当してくれた女性の美容師さんも感じがよく、それからしばらく通うようになりました。お店からは東京ミッドタウンや国立新美術館も近く。行き帰りに美術館に寄ったり、六本木の裏町を探検するのも楽しみでした。

数年間その美容院に通っていたところ、なんとそのお店が銀座に移転することに。新しいお店は銀座並木通り沿いのビル上。髪を整えてもらってお店を出ると、そこは銀座の真ん中なので、真っすぐ家に帰るという選択肢はあり得ません。

このお店に通っていた頃は、今まで知っていたはずの銀座をさらに奥深く探索するようになり、名前は知っていたものの店内に入ったことのなかった銀座の老舗を訪ねてみたり、エルメスやシャネルなどラグジュアリーブランドのギャラリーや、「資生堂ギャラリー」、大日本印刷の「ギンザ・グラフィック・ギャラリー」などに立ち寄るという習慣もできました。

さらに数年後、その美容室は南青山に移転。今度のお店は、地下鉄の外苑前駅と表参道駅の間を青山霊園方向にしばらく歩いていった場所です。最初は「遠いわ」と思ったものの、毎回歩いていくにつれて、楽しい散歩道だと感じるように。途中にはおしゃれなレストラン、知る人ぞ知る甘味屋さんや、小さな神社を発見したり。

表参道から青山霊園方面に向かっては、急な下り坂や路地などが分布していて、今まで山の手の高台だと思っていた地域に案外複雑な土地の高低差があることも知りました。

中目黒では、お屋敷街を探検し、商店街で買い物も

こうして乃木坂、銀座、南青山と移転してきたお店で、担当してもらっていたのはずっと同じ女性の美容師さん。食べ飲みのお店の好みや話題も合い、毎回おしゃ

べりも楽しんでいた彼女は、やがてそのお店の店長になり、ある時、南青山のお店に行った帰りぎわに「独立することになった」と告げられて、新たにそのお店に通うことにしました。

彼女がお店を開いたのは中目黒。今までの南青山と比べて通うのは面倒かもと思ったのですが、家の近くの駅からは地下鉄の直通運転一本でアクセスできて、かえって便利になりました。

中目黒は、東横線の駅。その沿線の横浜には母の実家があり、おじいちゃんおばあちゃんの家に遊びに行くのに幼い頃から親しんできた路線です。以前の中目黒は、東横線の急行が停まる、沿線ではちょっと大きな繁華街という印象でしたが、二十年ほど前からおしゃれなカフェ、レストランなどが増えて、目黒川沿いの桜並木はいつの間にか東京を代表するお花見名所にもなり、今はわざわざこの街を目指してくる人も多くなっているようです。

新たに通うことになったビューティーサロンは、東横線の高架沿いに祐天寺方向に歩いていった先にあり、中目黒駅の高架下は「中目黒高架下」という、そのままのネーミングの商業施設になっています。駅前側にはスタバとTSUTAYAの複合店が、そのほかにもベーカリー、ワインショップ、いつも若者が群れて立ち飲みしているおでん屋、イタリアン、唐揚げ専門店など小洒落たお店が並んでいます。

その「高架下」の途切れるあたりを右に曲がると、蛇崩川緑道《じゃくずれがわ》という桜の並木道があり、ここは駅前の目黒川沿いが大混雑の時も悠々とお花見を楽しむことができる中目の穴場お花見スポットであることも発見しました。

緑道脇の坂道を上ってゆくと「諏訪山《すわやま》」という高級住宅街があり、大きなお屋敷や誰もが知っている有名なミュージシャンの家があったりもします。

また、ある時には予約時刻よりずいぶん早く中目黒駅についてしまったことがあり、地元の「目黒銀座商店街」を探検してみることに。中目黒駅前の商店街は、なぜかその名が「目黒銀座」。東横線の線路とほぼ並行した道沿いに一番街から五番街までが延々と続いています。この商店街のおもしろいところは、地元で長く商売してきた瀬戸物屋さんや花屋さん、古書店、洋品店や荒物屋さんなどとともに、今時の中目っぽいレストラン、雑貨、アパレルなどの店が並んでいることです。その混ざり具合がほどよく、全長九百メートルと距離もそこそこ長くて散歩するのにちょうどよい感じなのです。

その後、この商店街をずっと歩いていくと、目的地である、美容院にもたどりつくことができるとわかり、それ以来、帰り道に商店街を通って激安の八百屋さんで買い物したり、夕方からしか開店していない不思議な古道具屋さんに入ってみたりするようになりました。

天気がよくて時間があれば、ここからさらに代官山や池尻大橋まで歩いていくこともあれば、東横線で学芸大学まで行って人気のお菓子屋さんに寄ったりすることもあります。

私の美容室遍歴について延々と書いてきましたが、こうして行きつけの店の場所が変わってきたことで、私は意図せずに東京のあちこちの街をより深く知ることになり、それはなかなかおもしろいひとり散歩体験だったと思うのです。

一生もののコーヒーテーブルを探して、古家具店をめぐる

ある日、リビングのソファーに座って新聞を読んでいると、突然なんの前ぶれもなく、目の前のテーブルの左側二本の脚が根元から折れて崩壊。いきなりのアクシデントに唖然としましたが、その瞬間、私は、これを処分して新しいテーブルを探そうと決断していました。

長年私のリビングにあったコーヒーテーブルは、木製の楕円形で私の身長ほども幅のある大きなものでした。その大きさが気に入って購入したものの、ついつい、ここに本、新聞、郵便物となんでも置いてしまうため、それだけでも部屋が散らかっている印象になり、その存在に少々うんざりしていたのです。

とりあえずテーブルを粗大ゴミに出してしまうと、リビングはずいぶん広くなったように見えます。新しいテーブルは今までの半分以下の大きさでよいでしょう。

しかし、早く探さないと、ソファーでテレビを見ながらお茶を飲もうと思っても コーヒーカップを置く場所がない。電話をしながらメモを取ろうと思っても書く場所がないといった具合にいろいろと不便を感じます。

ただ、今新たなテーブルを買うと、それはおそらく十年以上この家に存在し続けるはず。人生すでに後半に入った私の年齢を考えれば、もしかして死ぬまで使う一生ものになるのかもしれない。そう考えると中途半端なもので妥協したくはありません。

家にある家具は、父が使っていた籐の長椅子、母の嫁入り道具で横浜元町で購入したというサイドボード、私自身が散歩先で見つけた北欧や日本のヴィンテージ家具など、古いもの、使い込まれたものが多く、そうした、無垢の木製であったり、年月を経た味わいのある家具が私の好みなのです。

東北沢の時代和家具の老舗を目指す

まずはヴィンテージの家具屋さんをあたってみようと、小田急線方面に用があった帰りに寄ってみたのが、この業界の老舗、時代和家具の「アンティーク山本商店」です。以前のお店は下北沢駅の南側にあり、ちゃぶ台や和ダンスが積み上がった店頭風景は下北の名物でもありましたが、現在は東北沢駅から徒歩十分ほどの井ノ頭通り沿いに移転していて、こちらのお店を訪ねるのは初めてでした。

久しぶりに東北沢駅で電車を降りて眺めた駅舎と駅前は、小田急線線路の地下化によって激変していました。以前の昭和戦前の小田急線開通時からの駅舎がなくなってしまったのは残念ですが、駅前には見覚えのある古いお屋敷がまだ残っているのを見つけて、少しほっとした気分に。住宅街を北方向に歩いていくと、四つ角には祠があってお地蔵さんが祀られていたり、このあたりがかつて江戸郊外の農村地帯だった名残が感じられます。世田谷区内では、こうしたお地蔵さん、道祖神、庚申塔などをよく見かけます。

山本商店に到着し、地階から二階まで店中に積み上がった和家具を物色。いろいろとおもしろいものがありましたが、この日は、わが家のソファーの前に置いてバランスのよさそうなテーブルは見つかりませんでした。

帰りぎわ、店内で手づくりのご近所散策マップを発見。ケーキ屋さん、お惣菜店、居酒屋などお店のスタッフおすすめのお店がいろいろ載っていて楽しそうです。行きは小田急線で来ましたが、マップを見ると、京王線の笹塚駅も近いことがわかり、おすすめのお店を訪ねつつ笹塚駅へと歩いていくことにしました。

笹塚駅の周辺は路地が入り組み、個人経営のお店が並ぶ昭和の雰囲気のある商店街や、玉川上水緑道があったりと、なかなか楽しい街並みです。

この日、目当てのテーブルは見つからなかったけど、その行き帰りの東北沢から笹塚の散歩は、初めて訪ねる街をあちこち探検できて、なかなかの収穫でした。

学生時代からの馴染みの街、西荻窪をさまよう

それからさらに私が探索に出かけていったのは、中央線のアンティーク街・西荻窪。この街には、かつて「ティアドロップ倶楽部」という和家具のアンティーク屋さんがあり、わが家ではそこで購入したガラス扉のついた本棚、大中小三つでひと組のネストテーブル、小さめの引き出しダンスと、三点もの家具を長年愛用しているのです。このお店はかなり前に閉店してしまったのが残念ですが、その付近には

今も何軒もの古美術、骨董、アンティークの店が並んでいます。

西荻窪駅周辺は、関東大震災後、昭和の戦災後に発展した住宅街。区画整理された整然とした街区に、立派な門構えのお庭のある家、巨樹の茂る緑地公園などが並ぶ高級住宅街です。

実は西荻窪、そして隣り駅の吉祥寺は私が大学時代を過ごした街。両駅のほぼ中間にある東京女子大学に通っていました。東女（トンジョ）に通っていた今から数十年前の西荻には骨董、古美術店は何軒かあったと思いますが、それは主に、お屋敷街だったこの界隈からの出物を商うお店。西荻が、現在のようなさまざまな時代、海外のものまでを扱うアンティーク街になったのは、ここ二、三十年のことだと思います。

大学時代は、朝はいつもギリギリにキャンパスに到達していたため、西荻窪駅からはバスに乗り、駅から大学までの通りを歩くこともほとんどありませんでした。そして、帰りには友だちと吉祥寺方向に住宅街をダラダラとおしゃべりしながら歩いて、和菓子屋の店先で団子を食べたり、サンロードや東急デパートの裏をうろついたり。その八〇年代なかばの昭和の頃と比べて、今は西荻も吉祥寺も、ずいぶんとおしゃれな街に様変わりしています。

中央線沿線には、中野から吉祥寺間の各駅、そして国分寺や国立など、独自の沿線カルチャーを反映した個性的な街が揃っていますが、私はその中でも西荻が一番好き。街並みがゆったりしていて緑が多く、商店街のお店も、最近できた新顔のお店も、この土地の生活文化を反映していて、街全体が豊かな空気に包まれている感じがするからです。

最近の西荻で私がいつも訪ねているのは、駅北口の「村田商會」。ここは、〝純喫茶家具の店〟と名乗っているように、閉店した喫茶店から引き取った家具、什器、食器などを販売しているおもしろいお店です。こ

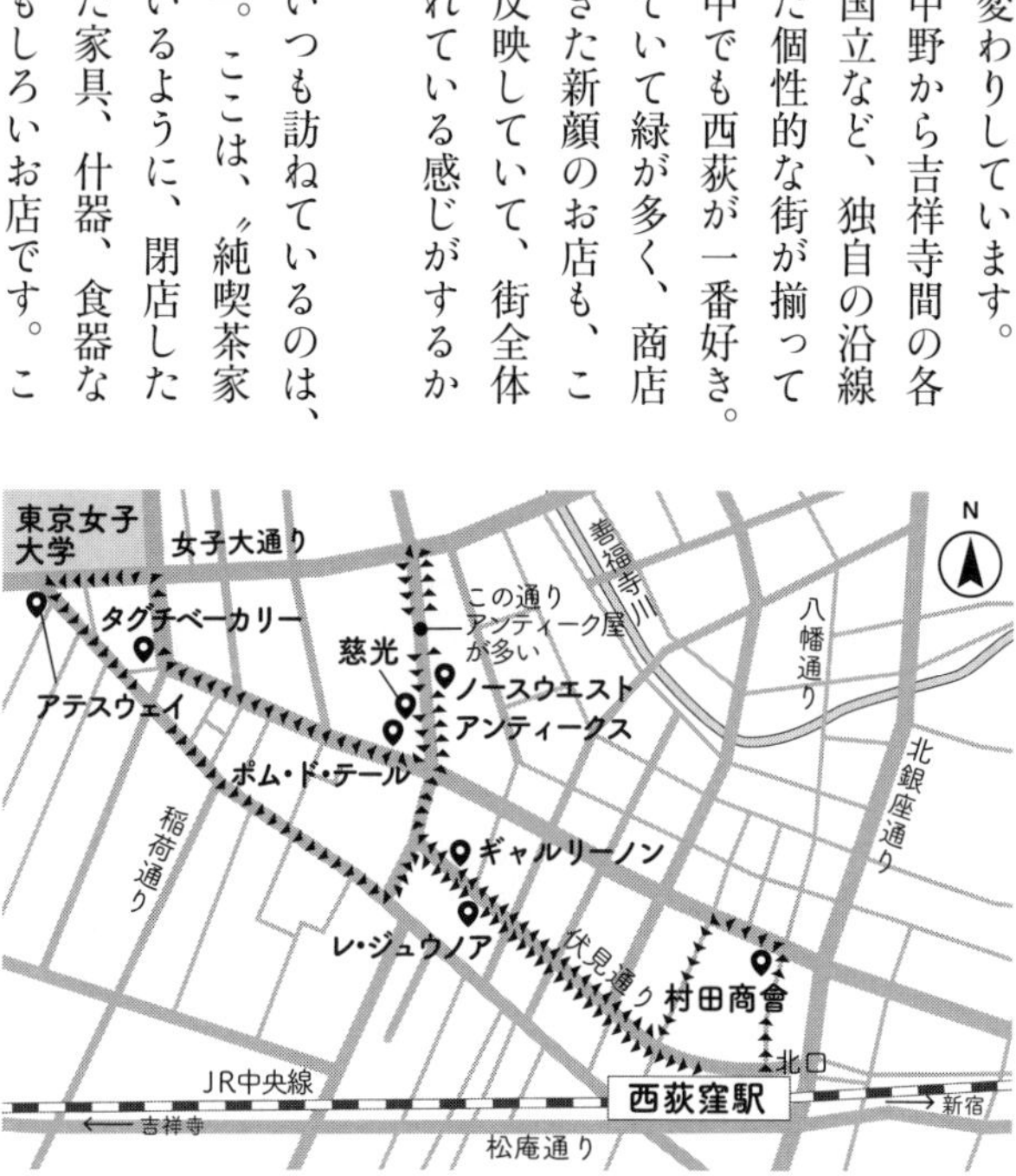

のお店になら、昭和創業の老舗の喫茶店で長年使い込まれたコーヒーテーブルも販売されているのではと訪ねてみましたが、私が「これは！」と思う品は見つかりませんでした。アンティークのお店では、その時どんな品が入荷しているか、売れずに残っているかというタイミングがものを言います。

実は、ヴィンテージ、アンティーク家具のお店は、最近は実店舗よりもネットでの販売に力を入れているところが多く、先の世田谷・北沢のアンティーク山本商店も、純喫茶家具の村田商會も、オンラインショップのページに商品を掲載していて、そこからも購入できるようになっています。

私も実店舗を訪ねる前にそうしたネットのページを見てみたのですが、できれば実物のサイズ感や手ざわり、テーブルトップの木の肌合いなどを見て、本当に納得のいく、気に入ったものを購入したいという思いがあり、あちこちに足を運んだというわけです。

西荻窪では、駅北口のアンティーク店の並ぶ通りも見て回りましたが、この日は気に入ったものは見つからず。

途中、いつも西荻に来ると寄るお店「ギャルリーノン」で沖縄にアトリエを構えるアクセサリーデザイナーのネックレスとピアスを、アンティーク食器の「レ・ジュウノア」では、レトロな味わいのあるプレスガラスのお皿を手に入れました。

ふだんあまり衝動買いをしない私ですが、西荻に来ると、ここでしか出会えないような私好みのものを見つけ、予定外の買い物をしてしまうことが多く、だからこそ「これだ！」と思うようなテーブルが見つかりそうな予感がしていたのですが。

しかし、リビングでテーブルなしの生活は結構不便なもので、イケアあたりでとりあえずの品を買ってしまいそうな誘惑と闘いつつ、ネットで全国のヴィンテージ家具店の出品をチェックするという日々が続いています。

その一方で、秋田木工、飛騨産業、天童木工、カリモクなど、無垢の木で家具を製造している国産メーカーの店や、南青山のカッシーナ・イクスシー、丸ビルや代官山のザ・コンランショップなど、海外の有名デザイナーの家具を販売している店を見にいったりしていますが、それぞれなかなかのお値段で予算の折り合いがつかず。しかしそんなお店では、ずっと前からいつかは手に入れたいと思っている超高価な名作椅子の実物や、素敵なインテリアコーディネートを見るだけでも楽しいものです。一生ものの家具探しのひとり散歩は、まだこの先も続きそうです。

おすすめ散歩ルート

西荻窪、ヴィンテージ家具を探しながら寄り道散歩 ▼MAP154ページ

西荻窪駅北口↓（**村田商會**）ほか
↓（**慈光**）（**ノースウエスト・アンティークス**）など、アンティーク店が並ぶ通りへ
↓（**ベーグル　ポム・ド・テール**（要予約））（**タグチベーカリー**）
↓東京女子大前（**パティスリー　アテスウェイ**）
↓再び駅前方向へ（**ギャルリーノン**）（**レ・ジュウノア**）
↓駅前に戻り、さらに南口方面を探索しても

見たい、知りたいと
向き合う時はひとりで

人生で何度も読み返してきた、漱石作品と向き合う

私の本棚の片隅には、岩波文庫版の「三四郎」「それから」「門」「彼岸過迄」「行人」「虞美人草」「こころ」「草枕」などの夏目漱石の著作が並んでいます。ずいぶんと古びてしまったそれらの本の奥付を見ると、すべて一九八〇年代前半発行のもので、高校から大学生の頃、その作品群を読んでいたことになります。中でも当時もっとも傾倒した作品は「それから」。働くこともなく、日々を読書や交友で過ごしている〝高等遊民〟の代助が主人公で、まだ若かった私は、その人物像とライフスタイルにあこがれたものです。

表紙やページのよれ具合から見て、私がそれら漱石作品を、その後の人生で何度となく読み返したことが窺えます。考えてみると、漱石こそ、私が人生でもっとも長い期間その作品を読み続けてきた作家。そして読み返すほどに、以前と異なる読

後感を得るという点で、自分にとって大きな存在になってきたと思えるのです。もっとも漱石作品を読み込んでいた大学生の頃には、江藤淳や小宮豊隆による漱石論も読んだほど、のめり込んでいました。

「坊っちゃん」の虜になった小学生の頃

漱石の小説を初めて読んだのは、小学三年か四年生の時。その作品「坊っちゃん」は子どもにも読みやすく、江戸っ子の坊っちゃんの性格も行動も痛快で、夏目漱石って、おもしろい、読みやすい小説を書く作家なんだと、大いに親近感を持ったものです。当時の小学生の子ども向けの日本の名作文学というと、志賀直哉、芥川龍之介、山本有三などが推奨されていましたが、私は国語の参考書やテストの問題文に出てくるそれらの作品にはあまり興味を持てず、その一方で、漱石の文章や物語には心躍るものを感じたのです。

その後は「吾輩は猫である」読破に挑戦しましたが、小学生にはその作品に込められた風刺精神は理解できず、私が再び漱石を読み始めたのはおそらく中学か高校の頃のはず。高校の現代国語の教科書には「こころ」の先生の遺書の章が掲載されていましたが、現在も高校の教科書の多くには「こころ」が掲載されているようで、二十年以上前から、岩波文庫でも新潮文庫でも、漱石作品のベストセラーは「こころ」なのだそうです。

初めて読んだ漱石作品、「坊っちゃん」の本の解説には漱石の墓が雑司ケ谷霊園にあることが記され、その写真も載っていました。雑司が谷は家からも近いので、学校の友だちを誘って自転車で墓地まで行き、本の写真を頼りにそのお墓を探しあて、なんだか物語を書いた漱石その人に出会えたような気分になったのを憶えています。今思えば、これが私の人生初の文学散歩だったということになるのかもしれません。

早稲田は、漱石の生地であり、終焉の地

その漱石が生まれたのは早稲田の喜久井町。地下鉄早稲田駅近くの夏目坂下で、こちらもわが家からは徒歩圏内。二十代の頃、たまたまそのあたりを歩いていて、

道端に「夏目漱石誕生之地」の碑を見つけ、墓所ばかりでなく生誕地も、今までよく行き来していた場所だったことに驚いたものです。

漱石、夏目金之助は、早稲田の町方名主の家に生まれ、一歳で養子に出されますが、九歳で生家に戻り、この地で育ちました。秀才の誉れ高く、大学予備門（後の第一高等学校）、帝大に進んだ漱石は、まだ江戸の名残のあった東京の街で、子ども時代から学生時代、その後の人生を過ごし、その作品には当時の街の様子が描かれています。

生家近くの早稲田南町には、漱石が四十歳から亡くなるまで暮した漱石山房と言われる旧居がありました。建物は太平洋戦争の戦災で焼失してしまいましたが、現在はそこに新宿区立の「漱石山房記念館」があり、漱石の書斎や、そのまわりを取り囲むベランダなどを再現した文学館、展示施設となっています。

漱石が住んでいた当時の早稲田は、その地名どおり田んぼの広がる田園地帯。明治二十三年当時の東京専門学校（早稲田大学の前身）校舎の写真というのを見たことがありますが、その建物は確かに水田に囲まれていました。

生まれたのは慶應三（一八六七）年。旧幕時代最後の年で、関東大震災よりも前の大正五（一九一六）年に四十九歳で亡くなっています。作品を読むと、文章の読みやすさや、登場人物の近代的なものの考え方により、大正、昭和戦前あたりに執筆された作品だと思いがちですが、実はそれよりずいぶんと昔に執筆活動を行っていた人なのです。

その作品に登場する場所は、上野、神田、丸の内や日本橋など江戸の中心地だった街が多く、さらにその地域内の小川町、蠣殻《かきがら》町《ちょう》、内幸町といった町名も数多く登場します。作品中の人物が街を移動する手段は、歩きか電車、車ですが、電車とは市電、車とは人力車であるのが、現在とは大きくかけ離れているところです。

本郷、根津、向丘、西片など漱石の勤めた東京帝大の近く、日本橋や銀座など今もにぎわっている繁華街も作品によく登場しますが、さすがに百年以上前の街の様子は現在とは大きく異なっていたはず。当時の写真や石版画、錦絵などを見ると、明治日本の文明開化、富国強兵というスローガンを思い出すような風景に直面します。作品の背景であり舞台になっていた東京は、明治維新後に西欧化したばかりの都市で、ロンドンに留学し、真の西洋、近代を知っていた漱石はそれをシニカルに眺めていたのかもしれません。

千駄木の旧居跡、そして本郷に、漱石の文学世界を追う

早稲田の漱石山房以前にも、漱石は都内あちこちに住んでいますが、有名なのは「吾輩は猫である」を書いたという「猫の家」でしょう。

ある時、千駄木の街を歩いていて、道端の「夏目漱石旧居跡　猫の家」の碑を見つけました。碑のそばには二匹の猫の石像。漱石はイギリス留学から帰国後の明治三十六年、第一高等学校教授、東京帝大講師となり、ここにあった借家に住みまし

漱石が「吾輩は猫である」を執筆したことで知られる「猫の家」跡には猫が！

た。そしてこの家で「吾輩は猫である」「坊っちゃん」「草枕」などの作品を執筆。作家としての人生を歩み出した場所ということになります。

それより以前、愛知県の明治村に行った時、この千駄木に立っていた「猫の家」を見た記憶があります。しかし明治村においてこの家は「森鷗外・夏目漱石住宅」と紹介されていて、漱石以前に森鷗外もこの家に住んでいたことに着目し、移築展示されていたのです。

実は、千駄木の猫の家の近くには、鷗外の旧居として有名な「観潮楼《かんちょうろう》」がかつてあり、現在は文京区立の森鷗外記念館となっています。観潮楼の名の由来は、団子坂上のこの場所から東京湾の海が見えたことによるもの。観潮楼から猫の家の間には、藪下通りという、高台を縦走し、坂下の根津神社へと至る道があるのですが、ここは私の好きな散歩道。永井荷風が、師と仰ぐ鷗外の家・観潮楼を訪ねる際にも、この藪下通りを歩いていったことを随筆「日和下駄《ひよりげた》」に記しています。

観潮楼は戦前の火事と戦災で焼けてしまいましたが、猫の家は戦災にも遭わずに、昭和三十八年に現地で解体、翌年に明治村に移築されています。つまり、昭和三十年代のこの千駄木あたりにはまだまだ明治時代の家屋や街並みが残っていたということ。

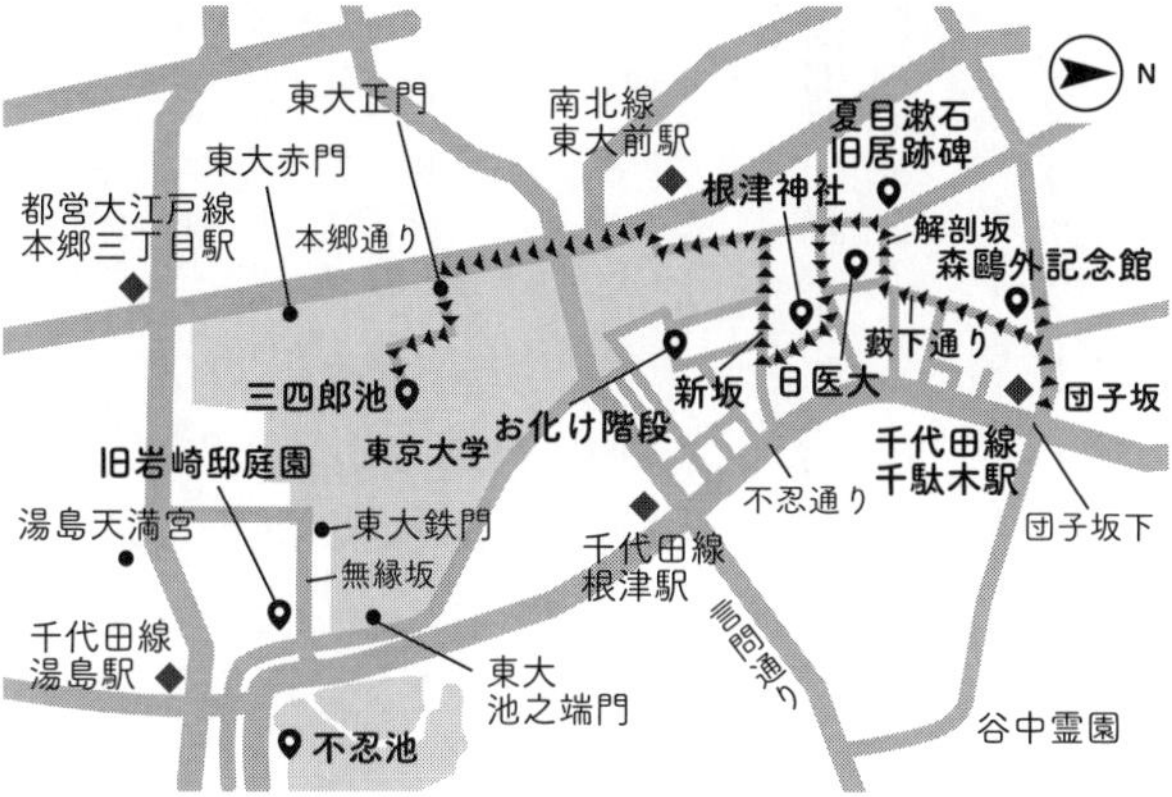

そんな街の歴史にも驚いてしまいます。

猫の家からも近い団子坂は、「三四郎」で広田先生や美禰《みね》子、野々宮兄妹とともに三四郎が菊人形を見物に行った場所。そこでは人混みで具合の悪くなった美禰子が三四郎と二人になり、stray sheepという謎の言葉を残す重要な場面が展開します。秋、菊の咲き誇る季節には、団子坂の両側には入場料を取って菊人形を見せる小屋が並び、多くの見物客でにぎわったそうですが、その興行も明治末の頃には廃れたそうで、今の団子坂には当時の雰囲気を望むべくもありません。

今も変わらない三四郎池の風景

帝大に入学して熊本から東京にやってきた三四郎が、謎の美女・美禰子に初めて会ったのは帝大構内の池のほとり。明治四十一年に執筆された「三四郎」のこの場面により、いつしかここは「三四郎池」と名付けられ、現在に至っています。本郷の東京大学キャンパスは、旧幕時代には加賀藩前田家の上屋敷で、池はその庭園である育徳園に造成されたものでした。

「三四郎」ではその池の風情を、三四郎の先輩で物理学者の野々宮君が「この木と水の感じ《エフフェクト》がね。――たいしたものじゃないが、なにしろ東京のまん中にあるんだから――静かでしょう。こういう所でないと学問をやるにはいけませんね。近ごろは東京があまりやかましくなり過ぎて困る」と語っています。

その明治の末頃から百年以上が経過し、東大キャンパスの外は一層やかましくなっていますが、三四郎池あたりの環境は明治の頃とそれほど変わっていないようで、池のまわりには鬱蒼と樹々が茂り、ぬかるみや石組みが多く、夏場に訪ねると蚊に刺されまくる破目に。

今は都市公園となっている小石川後楽園や六義園などの旧大名庭園のように入念な手入れはされていないので、野趣が漂い、そのため漱石がこの池を小説の舞台として描いた頃のままの趣きを留めているようにも思えます。

今も「三四郎」だけでなく漱石作品を読むと、この池を訪ねてみたくなる、そんな場所が東京都心に未だに存在しているのは、なんとありがたいことでしょうか。

そして、漱石ゆかりの地や作品に登場する場所を訪ねる散歩は、それを読んだ過去の自分、今の自分自身と語り合うひと時でもあり、やはりひとりでその時を過ごしたいと思うのです。

＊引用　169ページ1～4行目：『三四郎』夏目漱石著　岩波書店（1984）31ページ10～12行目

おすすめ散歩ルート

生誕の地・早稲田を歩く　▼MAP164ページ

東京メトロ東西線早稲田駅↓夏目坂下　**漱石生誕之地碑↓漱石山房通り↓新宿区立漱石山房記念館**

＊この後、漱石が少年時代よく遊びにいったという神楽坂方面に向かうのもおすすめ

漱石を偲びつつ千駄木、本郷を歩く　▼MAP167ページ

東京メトロ千代田線千駄木駅↓団子坂下交差点↓団子坂を上る

↓**文京区立森鷗外記念館**↓森鷗外記念館手前の道を左に入り**藪下通り**
↓日本医科大学脇の解剖坂を右折↓**夏目漱石旧居跡碑**↓**根津神社**
↓**新坂**、または**お化け階段**
↓東京大学本郷キャンパス内　**三四郎池**
＊本郷キャンパスからは、湯島の**旧岩崎邸庭園**や**上野不忍池**も近い

荷風の「日和下駄」に倣って、東京をひとり歩く

作家・永井荷風は私のお散歩の先生。荷風の散歩随筆である「日和《ひより》下駄《げた》」は座右の書であり、折りにふれて読み返している作品です。文庫本で百ページほどの分量なのですぐに読了できるものですが、〝散歩〟の楽しみの本質が集約されている究極の書だと思っています。

荷風は、ひと昔前は、明治日本においてアメリカやフランスに遊学し、ボードレールやヴェルレーヌなどを翻訳したフランス文学者にして小説家、詩人という位置付けでした。その一方で、花柳界やカフェー、遊廓、私娼窟などで遊興を尽くし、その経験をもとに創作を行った花柳小説作家ともされていました。

ところが一九八〇年代なかばの江戸東京ブームの頃から、明治大正昭和の東京の町を小説、随筆に描き、江戸から東京への都市景観の変化、その時期の都市風俗を

文学作品とした、都市東京の記録者、散歩を文学にまで高めた作家として再評価されるようになっていきました。

私が荷風の作品を読むようになったのは、まさにその頃。新卒社員として雑誌「東京人」の編集者になった八〇年代後半のことです。

そして最近においての荷風は、世の高齢化につれて、その生涯のほとんどを独身、単身者として生きた、シングルライフを貫いた先達としての評価が進んでいます。つまり荷風は、散歩者、それも単身で東京を歩いた、ひとり散歩の実践者として一目置くべき存在なのです。

明治、大正から不変の散歩の真髄

荷風は明治十二（一八七九）年生まれ。戦後の昭和三十四（一九五九）年に七十九歳で亡くなるまでの間の劇的な東京の変化を見つめ続けてきました。彼が少年時代に見た東京にはまだ江戸の名残があり、市電網もそれほど発達していなかったため、人々は主に徒歩で市中を移動していました。荷風はそんな時代に、高い建物もほとんど建っていない自然の地形そのままの東京の街を歩き、高台からの眺望や、山の手の坂上と坂下の街並みや住民の階層の違い、水辺風景の情緒などを体感して、散歩力と土地や街への感受性を高めていったのだと思います。

代表作には、自らがモデルと思われる老作家と玉の井の私娼お雪との交情を描いた「濹東綺譚《ぼくとうきだん》」や、大正六年、三十七歳の時から亡くなる前日まで書き続けた日記「断腸亭日乗《だんちょうていにちじょう》」が挙げられることが多いようです。「断腸亭日乗」では、日々東京各地を訪ね、モダン東京時代の銀座や、四十一歳から住んだ麻布市兵衛町の洋館・偏奇館付近の様子、数多くの女性たちとの交際、戦後の浅草や晩年移り住んだ千葉・市川の散歩の記録なども記されていて読み応えがあり、とてもおもしろいのですが、私は、荷風といえばやはり「日和下駄」推しです。

「日和下駄」の目次を見ると、各章のタイトルには「樹」「坂」「路地」「崖」「地図」など、散歩のテーマとなる地形、場所などが掲げられ、それを見ただけで、荷風に倣って、崖をめぐり、路地をさまよい、水辺を訪ねる散歩に今にも出かけていきたくなります。

第二章のタイトルは「淫祠《いんし》」、庶民が信仰する道端のお稲荷さんやお地蔵さんのことですが、その章の冒頭は、「裏町を行こう、横道を歩もう。かくの如く私が好んで日和下駄を鳴して行く裏通にはきまって淫祠がある」と、臨場感、ドライブ感に満ちた文章で始まります。

序文では、「日和下駄」を執筆した大正三年当時の東京では、木造の今戸橋が鉄の釣橋になり、江戸川の岸がセメントで固められ、桜田門外や芝赤羽橋あたりにあった空き地でも土木工事が始まり、この文章に記した風景もいずれ破壊されてなくなるかもしれないと嘆いていています。

大正初期においても、昨今の東京のように、街のあちこちで開発が進み、情緒ある風景が失われていく状況があったとは驚きですが、東京の風景、街並みは諸行無常で、いずれ失われてしまうかもしれないものとして、荷風がその散策の記録を書き綴っていたことにも感慨を覚えるのです。

小石川は、荷風の散歩力、土地への感受性を培った場所

「日和下駄」には、荷風が生まれ育った小石川あたりがよく登場します。このほか

にも、随筆「伝通院《でんづういん》」「礫川徜徉記《れきせんしょうようき》」「狐」などの作品で、生家付近の寺社、風景、地形などについて触れていて、少年の頃に歩き回った土地に、後々も愛着を持っていたことがわかります。

その生家跡とは文京区春日二ー二十ー二十五付近。現在は、道端に文京区教育委員会による「永井荷風生育地」の説明板が立てられていますが、荷風の父がこの周辺の家三軒ほどを買い取り、高台上に主屋を新築し、崖下を庭とした広大な屋敷だったとか。庭は野生の狐が住んでいたほど草深く、当時のこのあたりはかなり自然が豊かな土地だったことが窺えます。

ここは、地下鉄丸ノ内線の茗荷谷駅と後楽園駅の中間地点。春日通りから金剛寺坂を下った閑静な住宅街で、付近には今も三井家のお屋敷や、維新後に最後の将軍・徳川慶喜が住んだ屋敷跡、女優・野際陽子や作詞家・安井かずみも住んでいた高級マンション「川口アパートメント」などがあります。

茗荷谷駅からここまでやってくるには、丸ノ内線の線路沿いに歩くのがおすすめ。丸ノ内線は地下鉄でありながら、この区間では地上の線路を走り、谷間、高架上、車両基地沿いなど変化に富んだ地形、線路を通っているので、都内の地下鉄におい

荷風の生家近くの庚申坂上からは、丸ノ内線車両基地の眺めが抜群

ては随一のグッと来る鉄道風景を楽しめるのです。

線路沿いに歩いていくと、湾曲した坂道、道端のお稲荷さん、高架下のトンネル、江戸時代の切支丹《きりしたん》屋敷跡の碑などに出会い、さらにその先には、丸ノ内線の車窓からも見える車両基地があって、赤いボディの車両が何編成も並んでいるのが壮観です。

その車庫下の長いトンネルを潜った先に見えるのは、階段状の坂道・庚申坂で、階段を上った先で後ろを振り返ると、車両基地と、その脇の線路を行き来する電車が見えて、なんとも言えないよい眺めです。

そこからはしばらく坂上の尾根道である春日通りを歩き、金剛寺坂を再び線路方向に下っていったあたりが荷風の生家跡になります。

金剛寺坂の説明板には、荷風がこの坂を通って近くの黒田小学校に通っていたこと、そして、昭和十六年の「断腸亭日乗」には、この坂を訪れて昔を懐かしんだことが記されていると、書いてありました。

坂の上下の街並みを味わう

この生家のあった場所から春日通りを越えた北側には徳川将軍家の菩提寺である伝通院がありますが、荷風は随筆「伝通院」に、子どもの頃のあたりの風景や思い出などを記しています。

伝通院の山門前を右に曲がるとその先は善光寺坂。坂上の道の中央には巨大なムクノキがそびえ、すぐ脇にあったのは荷風も尊敬していた作家・幸田露伴《ろはん》と、その娘・幸田文《あや》の住んだ家です。その家で育った文の娘・青木玉は、『小石川の家』で、離婚して出戻った母と、祖父との暮しを描いています。

幸田邸の先には、伝通院の鎮守である澤《たく》蔵《ぞう》司《す》稲荷という神社があります。この境内には深閑とした空気が漂い、霊気を感じるよう。その空気に導かれて、本殿の右手にある「おあな」と称されている窪地に続く階段を下りていくと、そこは赤い鳥居が並ぶ〝霊窟〟。まるで異界に迷い込んだようです。古来ここには霊狐が棲んだと伝えられ、現在も江戸時代以来の面影を留めているということで、都心にこんなエアポケットのような場所が残っていたことにも驚愕します。少年時代の荷風も、これと同じ風景、空気を味わったのではないでしょうか。

澤蔵司稲荷の隣りは、坂の名前の由来となった善光寺。さらに坂下はこんにゃくえ

んま・源覚寺と、えんま通り商店街。坂上の邸宅地や、将軍家の菩提寺のある地域とは異なる庶民の街で、荷風はこうした土地の高低差による街並みの変化、住民の階層の違いを散歩の醍醐味と感じていたようです。

この小石川界隈の街も景観も、荷風が作品に描いた頃からはすっかり様変わりしていますが、変わらないのは寺や神社の存在と地形。それゆえ、百年以上前に執筆された「日和下駄」は今の世にも通用する散歩の手引きとなるのです。

大久保余丁町の家周辺は監獄、刑場

その後、荷風が二十代から三十代にかけて暮した街が大久保余丁町《よちょうまち》でした。明治三十五年、荷風二十三歳の時、父がこの地に邸宅を購入したのです。その家も敷地千坪という広大なものでしたが、当時のこのあたりは東京の郊外。現在からは考えられないような田園風景が広がっていました。

余丁町の家の近くには市ヶ谷監獄と東京監獄があり、その内部には刑場があって処刑も行われていたとか。囚人を護送する馬車など、日々陰鬱な風景を見ることもあったようです。荷風旧居跡の表示近くの児童遊園あたりが東京監獄の刑場だったということで、現在は慰霊塔が建立されています。

荷風は余丁町への転居の翌年、カナダ、アメリカ、フランスへ遊学し、五年後にこの家に戻り「監獄署の裏」を執筆。帰国後に感じた憂鬱を描いています。

市ヶ谷監獄は明治末から大正にかけて豊多摩監獄（中野刑務所）に移転し、その跡は一時的に空き地に。荷風は「日和下駄」の「閑地《あきち》」の章に、その市ヶ谷監獄跡について、「死刑台の跡に観音ができあたりは日々《にちにち》町になって行く」と記しています。

余丁町の荷風旧居近くには今も、通称・抜弁天《ぬけべんてん》（厳島神社）という神社があります。Y字路状の道の二股になっている部分に境内があり、そこを南北に通り抜けることができる参道があることから、苦難を切り抜けられるご利益があると、江戸時代から庶民に信仰されてきた弁天神社です。

昨年たまたまこの抜弁天前を久しぶりに通りかかったところ、その境内がすっかり美しく整備されていたのに驚きました。以前はそれこそ街角にたたずむ淫祠という感じでしたが、境内には新たに池が設けられて錦鯉が泳ぎ、参拝者もひっきりなしに訪れ、今時流行りの〝パワースポット〟となっているようなのです。

「断腸亭日乗」を書き始めた地

さらにこの近くには、「日和下駄」の「夕陽」の章に登場する西向《にしむき》天神社という神社もあります。道沿いにいきなり切り立った台地上の鳥居、社殿は、まさに西を向いていて、「夕日の美しきを見るがために人の知る所となった」のだそうです。ここも地形、そして境内のたたずまいに魅力のある神社です。児童遊園になっている一画には東大久保富士と言われる富士塚があり、古くから地域の人々の信仰を集めてきた場所なのだとわかります。

荷風は帰国後「あめりか物語」「ふらんす物語」ほかの作品で作家としての地位を確立。さらに森鷗外の推薦で慶應義塾文学科の教授になります。そして親に決められた相手と結婚しますが、その翌年に父が死亡すると、直ちに離婚。一方で新橋の芸者・八重次《やえじ》と結婚しますが、こちらもすぐに離婚。「日和下駄」を執筆したのは、その大正三年頃のことでした。

作家、大学教授となった一方で、こうした放蕩生活を送っていたため、荷風と弟との関係は悪化し、大正五年には、長男として相続した余丁町の家の約半分を売却し、家を改築。玄関先の六畳間を「断腸亭」と名付け、ここで寝起きするようになり、日記「断腸亭日乗」を書き始めたのは、その翌年のことでした。

荷風はこの後も芸者を身請けしたり、数多くの私娼、女給と関係を持ちましたが、結婚することはなく、独身の単身者生活を死ぬまで貫きました。

そして、女性と同様に、日々荷風の生活の一部であり一生追求し続けたのは散歩でした。

その日記、作品を読むと、東京各地の風景、風俗、地形などが描かれ、それ自体が作品の魅力となっています。その中でもまずは「日和下駄」を読んで、荷風流の東京散歩、地形散歩を実践してみるのがおすすめです。荷風とともに、そして荷風のようにひとりで東京を歩いてみることで感じられる東京の味わい深さ、荷風作品への共感を得られるはずです。

*引用　175ページ1〜2行目：『荷風随筆集(上)』野口富士男編　岩波書店(1991)20ページ1〜2行目
181ページ7行目：同書78ページ15行目　182ページ3行目：同書97ページ1〜2行目

おすすめ散歩ルート

小石川の〝荷風生育地〟を訪ねる　▼MAP179ページ

東京メトロ丸ノ内線茗荷谷駅↓線路沿いに後楽園駅方面に進み、**釈迦坂**を下る↓丸ノ内線のトンネル下を潜って、**蛙坂**へ↓**切支丹屋敷跡の碑**↓再び丸ノ内線の線路方向を目指し、**丸ノ内線車両基地**下の長いトンネルを潜り、**庚申坂**を上る↓春日通りを右手（東）に進み↓**金剛寺坂**を下る↓坂下を左折↓**永井荷風生育地**の説明板↓再び春日通りに戻り、**伝通院**へ↓**善光寺坂上のムクノキ**↓**澤蔵司稲荷**↓**善光寺坂**を下って**えんま通り商店街**↓都営地下鉄春日駅、または東京メトロ後楽園駅へ

あこがれの人、向田邦子の面影を探して

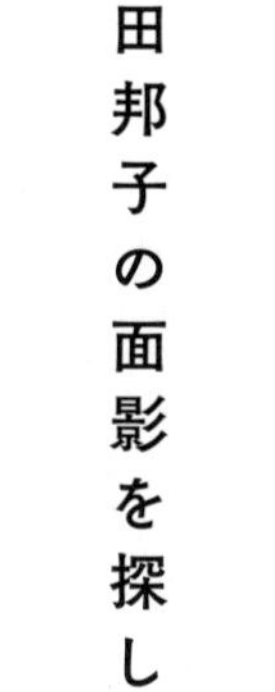

表参道交差点から根津美術館の方へと続く〝フロムファースト通り〟を歩くと、そこから見える、向田邦子が住んでいた南青山第一マンションズがまだ存在しているかどうかを確かめるのがここ数年の習慣になっています。高級マンションの並ぶこの界隈でもずば抜けて立派で大規模な物件ですが、建て替えの計画があり、いずれは解体されてしまう運命にあるようです。そうなると、この青山の地からまた一つ向田邦子ゆかりの場所が失われてしまうのが、なんとも残念。今年（二〇二四年）で没後四十三年。それだけの年月が経っているのだから、都心の街の変化は仕方のないことでしょうが。

　昭和五十六年の夏、向田邦子は取材旅行先の台湾での飛行機事故で亡くなりました。テレビドラマの脚本家として第一線で活躍し、前年には作家として直木賞を受

賞。まさに人生絶頂期の、五十一歳での突然の死でした。

当時の私は高校二年生。中学生の頃から父が毎週購読していた「週刊文春」の向田邦子の連載「無名仮名人名簿」「霊長類ヒト科動物図鑑」を愛読し、その後も「父の詫び状」「思い出トランプ」など、刊行されていた著書はすべて読んでいた十代の向田邦子ファンでした。エッセイストとして親しむようになった向田邦子が、テレビドラマ「時間ですよ」「寺内貫太郎一家」などを書いていた脚本家だったことを知ってからは、「阿修羅のごとく」「あ・うん」など新たに放送されるドラマも欠かさず見ていました。

昭和のキャリアウーマンであり、売れっ子脚本家、作家

七〇年代後半に創刊された女性誌「クロワッサン」は、桐島洋子、澤地久枝など当時活躍中の〝自立する女性〟の生き方、ライフスタイルをさかんに紹介していましたが、向田邦子もその記事に登場する常連メンバーのひとりでした。その姿は知的で意志が強そうで美しく、青山のひとり暮しのマンションで猫を飼い、器に凝り、

服装のセンスは抜群で、その当時から私のあこがれの大人の女性だったのです。

そんな、もっとも作品を読むのを楽しみにしていた作家が突然亡くなってしまった喪失感は大きいものでした。

しばらくはその作品を読み返したり、追悼本を熟読したりしていましたが、今もドラマの再放送、折りに触れての追悼記事、著書の復刊などが途絶えないのは、その存在と作品が、多くの人に支持され続けているということなのでしょう。

向田邦子は、昭和四年東京生まれ。世田谷、目黒、麻布などの山の手で少女時代を過ごしますが、その間には父の転勤のため鹿児島、高松に住んだ時期もありました。二十歳の時に一家は杉並・久我山に住むようになり、就職後もその家にいましたが、出版社勤務の傍らに執筆していたラジオドラマの脚本の収入も増え、三十四歳で家を出て、それ以後はずっとひとり暮しでした。

四十一歳まで住んだアパートは西麻布。その後、五十一歳で亡くなるまで十年間暮したのが南青山のマンションです。

この南青山の新築のマンションに入居したのが一九七〇年。今の時代だったら軽く一億円以上はするであろう高額物件を、昭和の時代に女ひとりの収入でポンと手に入れたのですから、やはり只者ではなかったということでしょう。

すでにテレビドラマの脚本家として売れっ子でしたが、作家としても活動しはじめ、そのライフスタイルまでもが雑誌の記事で取り上げられるようになったのはこのマンションに住むようになってから。そんな彼女の足跡を偲ぶとなると、やはりこの青山あたりということになるでしょう。

南青山で行きつけだった店を探す

界隈で彼女がよく立ち寄っていた店は、青山通り沿いの「アンデルセン」の並びにあった小さなスーパー、そして高級スーパーである「紀ノ国屋」、青山通り沿いの魚屋さん、花屋の「きりしまフラワー」、和菓子の「菓匠　菊家」、「大坊珈琲店」などで、骨董通りの古美術店の店頭もよく覗いていたようです。

そして今、南青山第一マンションズを振り出しに、その足跡を追うひとり散歩を試みてみると、そのすべての店がなくなっているか、建て替わっているという現実に直面します。

紀ノ国屋は新しいビルに建て替わり、その店は地階に。青山通り沿いの魚屋さんもきりしまフラワーも、今やどこにあったかもわからず。きりしまフラワーは、西麻布や青山三丁目の交差点などに間口の小さな店を出していた界隈の名物花屋さんでしたが、気がつけば、それらの店もすべて閉店していました。

『男どき女どき』という本に掲載されているのは「アンデルセン」という随筆。自宅を訪ねてくる人にその場所を教えるのに、青山通りのパン屋アンデルセンの裏に建っているマンションだと説明したいのだが、若い人にはそれで通じるところ、年配の人にはアンデルセンという童話作家の名前がパン屋の店名になっているところから話すことになり、という具合に話は展開していきます。

私も、その存在は南青山において永遠だと思っていたアンデルセンの店も、地下鉄表参道駅の再整備のためという理由で、二〇一七年にこの街角から消え去ってしまいました。

そして、向田邦子もよく珈琲を飲みにきていたという大坊珈琲店は、二〇一三年に、店が入居していたビルの取り壊しに伴い閉店。青山通り沿いのビルの二階にあったその店は私も何度か訪れたことがありますが、自家焙煎の本格珈琲に定評があり、この界隈に仕事先や事務所のあるデザイナーや写真家、編集者などのクリエーターたちに愛され、珈琲好きの俳優・高倉健も行きつけだったという青山の名店の一つでした。

買い物にはあえて大金を持たず小さな財布だけで行く、それは骨董通りの店先でめぼしい品に出会うと大枚はたいてしまうから、というようなことも向田邦子は随筆に書いていますが、この通りを今改めて歩いてみると、骨董、古美術の店がほとんど見当たらなくなっていることにも驚きました。

やはり骨董通りの、店構えに風情のあった和菓子の店「菓匠　菊家」もなくなってしまったかと思いきや、ビルになってその最上階・九階で営業中。向田邦子が特に気に入りだったという水ようかんや「唐衣《からごろも》」という色とりどりの干菓子は今も味わうことができます。

母校・実践女子大学にその遺品を見にゆく

この骨董通りから六本木通りに出て、通りを渡った向こう側の渋谷区東の住所には向田邦子の母校、実践女子大学があります。その周辺は青山学院、國學院大学、東京女学館などのある文教地区。常盤松《ときわまつ》と言われる宮邸、常陸宮邸もある閑静な住宅街でもあります。

その実践女子大の120周年記念館内には、遺品や蔵書、作品を収蔵する「向田邦子文庫」が設けられ、一般の見学も可能です。蔵書や遺品が母校に収められたことは知っていましたが、当初その文庫があったのは実践女子大の日野キャンパス。大学の創立百二十周年の二〇一四年にこの渋谷の地に移転してきたそうで、気軽に訪ねることができるようになりました。

写真では見たことのある、愛用の器や蔵書、身の回り品などが展示されていましたが、実物を見ると、没後四十年以上が経っているとはいえ、やはりそこからは本人の息遣いが感じられるようです。

展示室の中央にあったのは、執筆に使っていたテーブル。机というより、昭和の頃の商店街の家具屋で売られていたような正方形の合板、金属製の脚の、同じ部屋のその隣りにあった革製のソファーとは釣り合わない簡素なものです。

机上には自筆の原稿が展示されていて、これは私が初めて見る向田邦子の自筆原稿実物でした。判読困難とされたその筆跡は、思ったほど難解ではありませんでしたが、これが締め切りを過ぎた連続ドラマの脚本原稿だったら、もっと速書きで内容不明だったもしれません。

机の下には紐で結束されたままの原稿用紙の束が積み上げられ、この膨大な升目にはどんな物語が綴られるはずだったのかと思わずにはいられませんでした。原稿用紙は「向田邦子稿箋」「向田邦子用箋」と欄外に印刷されたオリジナルのもの。机上には、現在のものと比べると巨大な留守番電話機。八〇年代当時は最新の機器だったはずです。

日常食も贅沢、グルメだった向田さん

自称・食いしん坊だった向田邦子には、自宅周辺に数多くの行きつけの店がありました。そのライフスタイルを紹介する本によると、原宿の「重よし」、青山の「湖月」、赤坂「ビストロ・サンノー」（現在は閉店）などには、ひとりで週に一度ほど出没していたとか。どこもかなりの高級店で、そこを日常的な食の場としてい

たとは、今の時代から見てもあっぱれな女食いしん坊ぶりです。

なかでも赤坂界隈には行きつけの店が多かったようで、妹・和子にまかせた小料理店「ままや」を出したのもこの街でした。

赤坂にあるTBSは、ラジオドラマ「森繁の重役読本」、テレビドラマ「七人の孫」、そして「寺内貫太郎一家」と、三十代、四十代で脚本家としてのキャリアを築いてきた仕事先。

「ままや」は七八年に開店し、二十年後の九八年に閉店しています。私も編集者になってから二、三度伺ったことがありましたが、店の内外は適度ににぎわっていて、赤坂という街の雑踏の中にあえてこの店の場所を選んだのだろうと感じました。

向田邦子が、その青山店によく行っていたという〝にっぽんの洋食〟を標榜する「赤坂津つ井」の本店は、二〇〇七年にTBS近くの赤坂通りから、同じ赤坂の南部坂上に移転しましたが、今も盛業中。ここのカレー味のするもやしサラダの作り方が気になって、店の人に聞いたというエピソードをエッセイに記しています。そのもやしサラダは、のれん分け店である九段の「洋食　津つ井」で、昼定食の付け合わせとしてかつて、私もよく味わっていたものでした。

いつの間にか、向田邦子が亡くなった歳よりもとっくに年上になっている自分。
しかし、その作品や随筆を読むと、そこには相変わらず私よりずっと大人である
あこがれの女性がいるのです。私は今後もその文章を読み返し、その足跡を訪ね続
けることでしょう。

建物も楽しむ、東京の美術館

東京に住んでいてありがたいと思うのは、とにかくたくさんの美術館があること。そして、そこでは常に「これは見ておかなければ」と思うような作品や企画展が行われていることです。

企画展だけではありません。「東京国立博物館」、「東京国立近代美術館」などの大規模な美術館は、常設展も大いに見応えがあり、たまたま寄った東博で雪舟の作品を見つけて驚愕したり、国立近美では私の大好きな鏑木清方《かぶらききよかた》の作品に遭遇したり、思わぬ眼福を得ることもあります。

美術館のキュレーターや広報担当者を取材した折り、女性客の多い企画展は動員数が多くなる傾向があると聞きました。女性客は誘い合わせ、連れ立って来館する人が多く、その後も口コミで新たな来客を呼び込んでくれることが多い。その点、男性客はそもそも美術館を訪れる人が少ないし、大抵ひとりで来館し、展示を見て感動したとしてもそれを誰かに伝えることはせず、黙って噛み締めている人が多いのだとか。

そんな話を聞いて、その鑑賞スタイルの違いに大いに納得がいったのですが、女性である自分自身は、美術館を訪ねる時は、大抵ひとりだということに改めて気づいたのです。

ゆっくり、じっくり見るためには、ひとりで

私は美術館に行く時は、あえてひとりで、なるべく空いていそうな日を選び、閉館の二時間前くらいに入館するようにしています。

混んでいる美術展ほどストレスを感じるものはなく、できるだけそういう環境は避けたいもの。そして、とにかく自分のペースでゆっくり、展示作品の間を行ったり来たりもしながら、じっくりと展示を見たいというのが、ひとりで行く理由です。

そして私が絶対しないと決めているのは、美術展の〝はしご〟。いくら見たい企

画展が隣りの美術館で行われていたとしても、美術展は一日に一つまで。その日に見た展示、作品を一つの完結したものとして記憶しておきたいという思いがあるからです。

この二十年ほどの間、東京にはずいぶん美術館が増えました。それは、東京の再開発が進んだことと関連しているからではないかと、私は見ています。

都心の大型再開発には、何らかの文化施設が必要とされます。オフィスや商業施設だけではなく、文化施設があれば集客効果も上がりますし、その施設自体の文化度が評価され、イメージもアップする。そして、そうした施設を作ることで、建物の計画時に行政から容積率ボーナスとして、より床面積の広い建物を建てられる権利が与えられるということもあるのです。

二〇〇〇年以降の大規模再開発では、六本木ヒルズに「森美術館」、東京ミッドタウンには「サントリー美術館」や「21_21デザインサイト」、丸の内には「三菱一号館美術館」、日本橋の三井タワーには「三井記念美術館」などが開館。最近は、東京駅八重洲口側のブリヂストンの本社ビル内には「アーティゾン美術館」が開館し、丸の内では、「出光美術館」など既存施設の建て替えも予定されています。

それ以外にも、妹島和世《せじまかずよ》による「墨田区すみだ北斎美術館」、隈研吾による「明治神宮ミュージアム」など、建築自体に作品性のある美術館もあちこちに誕生。訪ねるべき場所がますます増えていっている状況にあります。

都心に移転した静嘉堂文庫で名刀と対峙する

そんな美術館の一つが、二〇二二年に、丸の内の明治生命館内に開設された「静《せい》嘉堂《かどう》文庫美術館」です。明治生命館は、丸の内でも皇居に面した内堀通り沿いに建つ昭和九年築の歴史的建築で、重要文化財にも指定されている、それ自体が美術品と言ってもよい建物。その館内に、世田谷区岡本にある三菱・岩崎家のコレクションを所蔵する静嘉堂文庫美術館が移転してきたのです。

曜変天目《ようへんてんもく》茶碗をはじめとする国宝、重要文化財を数多く所蔵する世田谷区岡本の静嘉堂文庫美術館は、以前に何度か訪ねたことはありますが、その至宝を都心の、三菱のお膝元である丸の内で見ることができるようにしたとは、なんたるグッドアイデアでしょう。

その静嘉堂文庫美術館の展示空間が、明治生命館内にどんな具合に展開しているのか予測もつかないまま出かけてみると、以前から自由に見学できた、建物一階のかつてのラウンジ部分が、四つの展示室を擁する美術館になっていました。

私が訪ねた時に行われていた企画展は「超・日本刀入門revive」。世田谷区岡本で開催されて人気を博した「超・日本刀入門」をリバイバルさせた展示だとか。なんと、私はこの「超・日本刀入門」も岡本で見ていました。

この十年ほど、日本美術界では日本刀がブーム。三日月宗近《むねちか》などの名刀をキャラクターとして描いたゲーム「刀剣乱舞」が発端となり、女性の日本刀ファンが一気に増え、外国人にも日本刀には「魂が宿っている」と人気。東京国立博物館では日本刀の展示ケースのまわりに外国人観光客が群がっています。

しかし私にとって日本刀鑑賞はまだまだ勉強中の分野。このところのブームに影響されて興味は持っていますが、その真価を味わうにはいろいろと基礎知識が必要とされ、刀を目の前にしても、それをどう鑑賞したらよいのか戸惑ってしまうのです。その点、この企画展では、それぞれの刀に、「駄作ゼロ！　名匠の華麗なる一振」「みちのくの珍品、綾杉肌を見よ」といった、見どころを一言で表したキャプションがついている上、鑑賞ポイントを図説。それに従って見ていくと、初心者でもそれなりにその日本刀のよさを味わえるようになっているという、なんともありがたい展示方法が取り入れられていました。

台湾から来たと思われる学生風の女子と男子二人の三人組は、女子が日本刀マニアとみえ、早口の中国語で個々の刀について二人に解説してあげています。そして近寄って波紋に見入り、「きれい!!」と日本語で感動を発露。

その一方で、日本人女子三人組が「切っ先が」「砂流しが」と一品一品を批評しながら展示室を回っていて、その熱中度にも驚き、その近くでは、ひとりで観賞用ルーペ片手に見入っている年配のご婦人もいらっしゃる。私自身は、各日本刀のディテールを鑑賞するのに、こんなに近寄ったり遠ざかったり、中腰になったり、視力と体力を使うとは思わず、近眼なのにメガネもルーペもなしで、目がショボショボに。でも、それだけ見応えのある美術展だったということなのでしょう。

思い残すことなくじっくりと展示を味わい、明治生命館を後にして丸の内仲通りを歩むと、格式あるオフィスビルが並び、通り沿いにはブランドショップやレストランが続いていていて自然と優雅な気分になります。この街には復元されたものとは言え、「三菱一号館」や、「東京駅赤煉瓦駅舎」、「東京中央郵便局」などの歴史的な建築が並び、美術館で眼福を得た後にひとり歩くのに申し分ない環境です。

こうした、歴史的建築を保存活用した美術館は都内にもずいぶんと増えていて、かつて宮様のお屋敷だった「東京都庭園美術館」、三井本館内にある「三井記念美術館」、東京駅赤煉瓦駅舎内にある「東京ステーションギャラリー」などがあり、いずれも私の好きな、常に企画展の内容に注目している美術館です。

新生オークラに、リニューアルした大倉集古館

続いて訪ねていったのは、二〇一九年に再開発されて新装オープンしたホテルオークラ敷地内の「大倉集古館《おおくらしゅうこかん》」。こちらも、建物自体に歴史的な価値と趣きのある美術館です。

この大倉集古館は、大倉財閥初代の大倉喜八郎が自邸内に設立した日本初の私立美術館だったとか。昭和二年築の二代目の建物は、東京帝大建築科教授にして奇想の建築家・伊東忠太の作品で、寺院か中国建築のよう。建物の外部、内部では伊東

忠太の大好きな妖怪や動物の姿の装飾をあちこちで発見することができます。

この時私が目指していったのは、ホテルオークラと同系列の大成建設が所蔵している、近代建築の祖、ル・コルビュジエの絵画の展覧会でした。ル・コルビュジエは日本でも未だ尊敬されている存在らしく、その企画展はたびたび開催され、そのたびに私は見にいくようにしています。この絵画展では、ル・コルビュジエが建築家として活躍していた時期にも、かなり旺盛に絵画の制作を行っていたことを知り、また妻・イヴォンヌや、歌手・ジョセフィン・ベイカーを描いた作品も展示されているのを見て、その女性の好みを意外に感じたりもしました。

大倉集古館の建物は、ホテルオークラの建て替え再開発に伴い、以前に建っていた場所から曳家《ひきや》されて約六メートル移動したそうです。耐震補強、新たに地階の増設などが行われ、館内は、以前のお寺の伽藍《がらん》の内部のような雰囲気から、ずいぶんと美術館らしい空間に変わりました。しかし館内に入ると正面に仏像が鎮座している構成など、未だかなり個性的なあり方を貫いていて、それが魅力でもあるとも思えます。

ホテルオークラは、子どもの頃から家族で特別なお出かけ、お食事に行く場所でしたが、大学卒業時の謝恩会の会場だったという思い出もあります。会場を帝国ホテルにするかオークラにするか、同学部の幹事の間でさんざん揉めて、おしゃれなことで注目されていた他学科のUさんが、「ジャンニ・ヴェルサーチのショーはオークラでやっているんだから、絶対オークラよ」と主張され、一同その発言に圧倒されて従ったことを記憶しています。そのオークラの建物も建て替えにより、当時の本館、別館とも失われてしまい、現在は超高層ビルになっています。

すぐお隣りの赤坂アークヒルズには、やはり私が大学生の頃にサントリーホールができて、音楽会という機会にもよくこのあたりを訪ねるようになりました。

大使館、教会の向こうにそびえる最新トレンドスポット

オークラの向かいはアメリカ大使館。その敷地沿いはかなり勾配のきつい霊南坂で、坂上には、アントニン・レーモンド設計のアメリカ大使館の公邸が佇んでいます。付近には、スペイン大使館、スウェーデン大使館や、外国人の駐在員向けの高級マンションHOMATも何棟か並び、東京でも歴史あるキリスト教会として知ら

れる「霊南坂教会」もあります。昭和のアイドル・山口百恵が三浦友和と結婚式を挙げたのは、この霊南坂教会でした。当時の建物は、日本銀行本店本館、東京駅赤煉瓦駅舎を手がけた辰野金吾の設計でしたが、現在の建物は一九八五年に建て替えられたものです。

界隈には、アークヒルズ、泉ガーデンなどの再開発ビルが並ぶようになり、景観はずいぶん変化していますが、大使館が点在する静かな街並みも残っているので、美術展を見た後には、あたりをお散歩してみたくなります。最近はさらに麻布台ヒルズや虎ノ門ヒルズの超高層の建物が間近に見えるようになり、あそこに見えるビルを目標

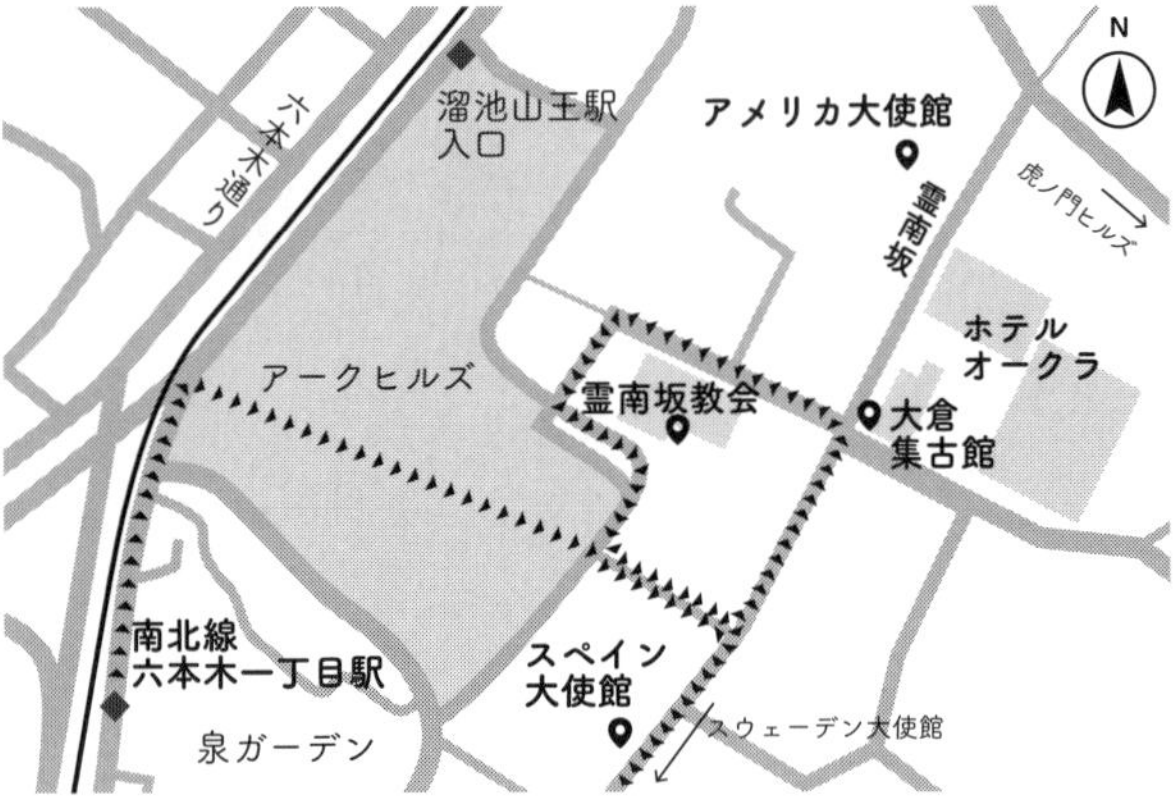

に歩いていってもいいかなという気分にもなります。

私は、歴史のあるものと同様に新しいもの好きなので、そこにどんな新しい街ができているのか、既存の街とどうつながっているのか、注目の建築家がデザインした新しい建築を見たい、雑誌で紹介されている話題のお店を覗いてみたいという誘惑にも駆られます。再開発が相次いでいる東京都心で美術館を訪ねると、そんな体験をすることが多く、そうして最近の劇的な環境の変化を自分のなかに受け入れていくことも、この都市を楽しんでいくための処世術なのかなと感じるのでした。

おすすめ散歩ルート

虎ノ門、赤坂で美術館、大使館散歩 ▼MAP204ページ

東京メトロ南北線六本木一丁目駅↓アークヒルズ裏へ↓**大倉集古館**
↓**アメリカ大使館**、**霊南坂教会**、**スペイン大使館**、**スウェーデン大使館**など
↓**虎ノ門ヒルズ**または、**麻布台ヒルズ**へ

もはや図書館は、本と出会うだけの場所ではない

去年の夏、仕事の打ち合わせで初めて訪ねたのは日比谷線八丁堀駅の交差点近くにある中央区立の図書館「本の森ちゅうおう」。ガラスの箱を積み上げたような建物は、一見して図書館には見えない斬新なもので、その前年（二〇二二年）の暮れに開館したばかりという真新しい施設でした。

ここ数年、国内のあちこちを旅すると、鉄道駅前や街の中心地に、新たなタイプの図書館ができているのを見かけるようになりました。そんな施設は今までの生真面目な公立図書館とは違って、有名な建築家が設計したおしゃれな建物だったり、館内にはカフェや企画展示のスペース、市役所の出張所が併設されるなど、地域のコミュニティ施設ともなっていたりします。

気がつくと、東京都内にもそんな新型図書館が続々と誕生していて、この「本の

森ちゅうおう」は、一階の入口横にはカフェがあって、店の外にはテラス席も設けられ、開放的で親しみやすい雰囲気。館内には図書館だけでなく中央区の郷土資料館もあるので、この一カ所でさまざまな情報に触れられる、なんだか得した気分になれる施設でもあるのです。

この図書館には、新富町の中央区役所のすぐ隣りにあった京橋図書館の蔵書が収蔵されています。京橋図書館は創立から百十年以上の歴史があり、戦災にも遭わなかったので、戦前からの資料も数多く所蔵していました。その地域資料室には、中央区、そして東京都関連の資料がいろいろ収蔵されていて、それを目当てに何度も訪ねたことがありました。銀座のタウン誌「銀座百点」を創刊号から読むことができたり、私の書いたまち歩き本までが何冊も書棚に並んでいて恐縮してしまったこともあります。

八丁堀にできていた〝本の森〟

図書館は、当然私語は禁止で、読書や資料探しが目的の場所ですから、基本的にひとりで訪ねるべき場所。ひとり散歩にはもってこいの目的地ということにもなります。

実は、この「本の森ちゅうおう」のある八丁堀界隈は、私が今まであまり歩いたことのなかった地域なのです。江戸時代に同心屋敷があったり、鉄砲洲稲荷神社が近いことなどの断片的な知識はありましたが、そうした江戸の名残を感じるにはどのあたりをどう歩けばよいのか、面的な広がりとして理解してはいませんでした。

また、この一帯は戦前や昭和の高度経済成長期頃までは川や掘割に囲まれた水辺の街だったはずですが、今はそれがほとんど埋め立てられ、かつての面影は残っていません。しかし、古地図を見ながら歩けば、どの道が以前は川だったかもわかって、かつての街の姿を偲ぶことができそうです。これには私がスマホに入れているアプリ、「東京時層地図」が役立つはず。それこそ、本の森ちゅうおうや郷土資料館にも、その手がかりがいろいろとありそうです。

地下鉄八丁堀駅の構内にあった地図を見ると、ここからは、新富町、築地、茅場町などの駅も近く、気まぐれに歩いていってもどこかに出られるはず。それに、銀座や日本橋までも徒歩圏内で、大いに探検しがいのあるエリアのよう。

その後、本の森ちゅうおうには、仕事の打ち合わせのために数回通うことになり、帰りには毎回違う方向に歩いていってみて、新富町から銀座、兜町から日本橋など、江戸東京の街並みを探り、このあたりがまさに江戸の街の中心地だったことを実感しました。

そして、八丁堀という〝堀〟はどのあたりにあったのだろうと古地図で確かめてみると、なんと、本の森ちゅうおうの建っている敷地そのものが、かつての八丁堀の水路跡ということがわかったのです。

八丁堀のあった場所を現在の地図と照らし合わせてみると、今はその場所に区立の桜川公園、東京都水道局のポンプ場などの公共施設が並んでいるのでした。

江戸時代初期に開削された八丁堀は明治時代には桜川と呼ばれて、水路として利用されてきましたが、一九六〇年から段階的に埋め立てられ、一九六九年には完全に失われたとか。川や水路を埋め立てた土地が道や高速道路になっている例はよくありますが、このように公共施設の用地になっていたとは意外でした。

都立日比谷図書館は、千代田区立の図書文化館に

東京二十三区内の、お散歩目的地におすすめの区立図書館はまだまだあります。昭和世代の私は、日比谷公園内にある都立日比谷図書館が、いつの間にか千代田区立の「日比谷図書文化館」になっていたことを知った時、結構驚いたのですが、未だそのことを知らない同世代の人も多いのではないでしょうか。

ある時、江戸町奉行について調べる必要があり、北町奉行所、南町奉行所の両町奉行所のあった千代田区の郷土資料館に行ってみることにしたのですが、以前は麹町にあった施設がこの日比谷図書文化館内に移転していたのです。その時初めて、以前は都立日比谷図書館だったこの場所が、千代田区の施設になっていたことを知ったというわけです。

館内は、郷土資料館のほか、本や文具のショップ&カフェやレストラン、そしてかつての日比谷図書館の蔵書と機能を引き継いだ千代田区立の図書館で構成されています。無料で見ることができる郷土資料館の常設展示は、かなりの見応えあり。

有料の企画展示も、しりあがり寿、石川直樹、祖父江慎といったクリエーターによるものや、荒俣宏、鹿島茂のコレクション展など、区立の郷土資料館としては〝攻め〟気味の企画を展開していています。

日比谷公園内という緑に囲まれた環境にあり、公園内の松本楼、帝国ホテル、お向かいのプレスセンター内のアラスカ、日比谷シティなど、周辺にも食事、お茶できる場所もあり、行き帰りに丸の内、銀座、新橋、虎ノ門ヒルズと、あちこち寄り道も楽しめます。

渋谷区中央図書館で出会った意外なお宝

渋谷区の中央図書館には、渋谷駅前のできるだけ古い住宅地図を探す必要が生じて出かけたことがあります。

図書館は原宿の東郷神社の境内に近い場所にあるのですが、ここはかつて神社の境内地だったようです。原宿駅の竹下口からは、竹下通りのさらに裏道を歩いていきましたが、このあたりは表通りの観光地のような喧騒と異なる、静かな環境なのが意外です。

ここは中央図書館なので、やはり渋谷区の地域資料が充実しているのですが、その館内で、渋谷区に自宅と仕事場のあったイラストレーター・和田誠の蔵書や装丁本、自著、コレクションなどが寄贈された「和田誠記念文庫」を発見しました。その蔵書を眺めると、落語や映画などを楽しみ、作品世界にも反映させてきた和田誠の世界観そのものを味わうことができます。

図書館と隣り合う東郷神社は、昭和十五（一九四〇）年に創建された、日清日露戦争の海軍の英雄・東郷平八郎を祭神とする社。かつては鳥取池田藩の約二万坪あった屋敷地だったという境内は、隣接する施設や建物に土地を分譲して以前より狭くなったとはいえ、森や池を擁していて今も都心のオアシス感あり。結婚式場だから立ち入ることは不可能と思っていた東郷記念館内には、境内の自然を望む「きざはしラウンジ」や、南青山から移転した人気イタリアン「リストランテ濱崎」があります。

帰りには、今時の原宿竹下通りがどんな状況になっているか見にいってもおもしろそうですし、明治通りを渡って千駄ヶ谷、神宮外苑方向に歩いていって、原宿や青山エリアともまた一味違った大人世代向けのファッションやインテリアのお店、レストラン、カフェなどに立ち寄るのもよいでしょう。

郷土資料、専門の図書館のありがたさ

各地の公立図書館は、地元の資料を重点的に収蔵しているので、その地区の数十年前の住宅地図や、区内にある会社の社史、区内を通っている鉄道の建設史など、日頃通っている地元の図書館とは異なる本を見ることができて、思いがけない発見があるものです。

以前に浅草近くのかっぱ橋の道具街でお皿や調理用具を物色して歩いていた時、通り沿いに台東区立の中央図書館があるのを見つけて入ってみると、その館内に「池波正太郎記念文庫」があるのを発見。以前からこの記念文庫の存在は知っていましたが、偶然その場所と出会って感激しました。台東区は池波正太郎の生誕地ということで設けられたもので、私の知らない各地の図書館にはこうした場所がまだまだ数多く存在しているのかもしれません。

このほか、公立図書館以外で私が愛用しているのは旧築地市場と浜離宮に近い、浜離宮建設プラザ一階にある「建設産業図書館」。ここは知る人ぞ知る専門図書館なのですが、建築や建設関連の専門書、建築や土木の専門雑誌は数十年前のバックナンバーも含めて膨大に収蔵しているため、建築やまち歩きの記事を書く時の調べものには本当に重宝しています。入口付近に展示してある建設関連の新刊紹介コーナーには、建築や土木、都市関連のおもしろそうな本が並んでいて、帰りに借りていったり、そこで知った本を書店で購入したり。

この図書館は十六時閉館なので、訪ねる場合は、まず新橋駅付近で昼食を食べてから向かうようにしているのですが、よく行っているのは、汐留側の新橋駅前ビル二階の「ビーフン東《あずま》」か、稲庭うどん「七蔵《ななくら》」。地下鉄築地駅からアクセスする場合もあり、その場合は築地場外市場の「鳥藤《とりとう》」で親子丼を食べるのが楽しみです。帰りはいつも銀座方面に歩いて、あちこち寄り道していくのが定番コース。本を借りすぎてしまうと、荷物が重くなり、寄り道がつらくなりますが。

大学キャンパスを歩めば、さまざまな知的発見に出会う

最近、私がひとり散歩の目的地にぴったりだと気づいて、積極的に訪ねているのは、都内の大学キャンパス。

大学、そしてその周辺の学生街を歩いてみると、附属の博物館、校舎や図書館、講堂などの文化財的な建築、そして学生街には古書店など、自分ひとりのペースでじっくりと楽しめるものがいろいろと見つかるのです。

東京はとにかくたくさんの大学がある街。特に都心の神田神保町、本郷、早稲田などは学生街、古書店街でもあり、今も青春と学問の息吹を感じることのできる場所です。昭和の香りのする喫茶店や、今時の学生に好まれそうなお洒落なカフェ、老舗の学生メシ屋も健在で、自らの学生時代を思い出したり、なんとなく知的な気分になったりもできるところなのです。

また、大学のキャンパス内を歩いてみると、名建築の宝庫であることに気づきます。本郷の東大構内には安田講堂や図書館など関東大震災後に建設された築百年近くの建物が数多く残っているほか、槇文彦、安藤忠雄、隈研吾など、教授を務めた建築家の作品が並んでいて、それらを見て歩くという楽しみ方もできます。

二〇二四年度、建築デザイン学部を新設した目白台の日本女子大学には、卒業生であり国内海外で活躍を続ける妹島和世設計の図書館や校舎が次々に建設され、キャンパスの外部からもそんな建築群を見ることができます。

五反田の清泉女子大学には、明治のお雇い外国人の建築家、コンドル設計の旧島津公爵邸の建物が保存され、毎年春と秋に公開されていますが、その見学ツアーは人気があるようで抽選制。抽選に当たったことがないので、残念ながら未見ですが。日本女子大も清泉女子大も、山の手の高級住宅地にあるので、周辺をお散歩するのにもよいところ。付近には素敵な美術館やレストランも点在しています。

見どころだらけの早稲田大学構内

そんな都内の大学、学生街の中でも私がしょっちゅうお散歩の目的地にしているのが早稲田大学。私の父も、父の兄弟たち、母方の親戚たちも早稲田大学出身者が多く、特に父やその兄弟であるおじさんたちからは、家から歩いていくこともできるこの早稲田での学生時代の話を聞いてきたので、自身が卒業生ではない私も大いに親近感を持っているのです。

早稲田の街には神保町に次ぐ規模の古書店街や、「高田牧舎」「三品食堂」といった古くからの学生メシの老舗もあって、今も学生街の雰囲気を充分に楽しむことができます。

何より私が素晴らしいと思うのは、早稲田のキャンパス内には、「演劇博物館」「會津八一記念博物館」「国際文学館（村上春樹ライブラリー）」「大学歴史館」と、いくつもの博物館、文学館があり、常に内容の濃い企画展が行われていて、時折ふらりと訪ねても、見応えのある展示に行き当たることが多く、そして感動的なのは、どの施設も入館料がなんと無料だということです。

開館直後は予約制で混み合っていた村上春樹ライブラリーも最近は落ち着きつつあるようで、館内のカフェ「橙子猫（オレンジキャット）」も利用しやすくなりました。村上春樹ライブラリーの建物は、政経学部の校舎を建築家・隈研吾がリノベーションしたもの。現在活躍中の作家を招いてのトークセッションの記録映像が上映されているのを見たり、村上春樹の作品ライブラリーの蔵書を読んだり、ジャズ喫茶経営者でもあった村上春樹のレコード・コレクションのアルバムが流れている空間でジャズに聴き入ったり、ひとりで訪ねてこそ、自由で豊かな時間を過ごすことができます。

演劇博物館の建物は、シェイクスピアが活躍した時代である十六世紀のイギリスの劇場・フォーチュン座を模したもの。ここには、歌舞伎やシェイクスピア作品の関連

資料のほか、越路吹雪のステージ衣装など意外なものが収蔵されていたり、企画展も、ドラマプロデューサー「日本のホームドラマと石井ふく子」展や、演劇や映画などあらゆる文化を発信してきた新宿の街に関する「あゝ新宿」など、見応えのある展示が多く、常にどんな企画展をやっているか要チェックの博物館なのです。

また、會津八一記念博物館は、以前は大学の図書館だった一九二五年築の建物。私の大学生時代、卒業論文を書くためにイギリスの学術誌の論文を参照する必要があり、その学術誌を所蔵している数少ない大学図書館ということで、ここに来たことがありました。当時も、その風格ある建築に感動した記憶がありますが、その後、博物館になっていることを知って驚いたものです。

ここには早大教授であった會津八一などによる東洋美術や考古学などのコレクションが収蔵され、それらを企画展の形で展示していて、建築としての魅力もあり、早稲田に来たらぜひ訪ねたい場所です。

早稲田キャンパスには、このほかにも国の重要文化財に指定されている「大隈講堂」（一九二七年築）もあり、大隈講堂の裏側にある学生食堂も一般人が利用できます。

その大隈講堂、学生食堂の脇にあるのが大隈庭園。ここは早稲田大学創立者・大隈重信の豪邸のあった場所で、そのお屋敷は戦災で失われてしまいましたが、現在は庭園として整備され、園内の芝生広場は、学生や近隣の家族連れなどの憩いの場になっています。

この大隈庭園に面して建っているのが、リーガロイヤルホテル東京という高級ホテル。こちらは早稲田大学の土地信託により建設されたホテルだとか。早稲田の学食がお好みでない方は、こちらでフランス料理や和食のハイソなお食事を取ることもできます。

このほかにも早稲田の街には、早大の先生や卒業生たちに人気のある老舗「八幡鮨」、スープカレーの名店「東京らっきょブラザーズ」、澄んだ清らかなスープとオリジナルの麺が味わい深い「らぁ麺やまぐち」などいい店うまい店がいろいろ。

一陽来復のお札で有名な「穴八幡」、忠臣蔵で有名な高田馬場の決闘が行われたとされる「水稲荷神社」という歴史的な名所や、夏目漱石の終焉地跡にできた新宿区立の「漱石山房記念館」、一九二一年築の赤れんが貼りのかわいい教会「スコットホール」など、あちこちに見どころがいっぱいです。一度のお散歩では訪ねきれないほど、興味深いものがあふれている街なのです。

地下鉄、バス、馬場歩きか、都電か

また、お散歩出発以前によく考えておきたいのは、この早稲田の街までどうやって到達するかということ。それによって散歩のルートも内容も異なってくるので、その段階からよく計画しておいたほうがよいのです。

一番簡単なのはＪＲ山手線の高田馬場から地下鉄東西線に一駅乗って早稲田駅で降りるか、やはり高田馬場駅前から「早大正門」行きの都バスに乗るか。どちらかといえば地上を走るバスの方がおすすめですが、このバスが走るのとほぼ同じルートである早稲田通りを二十分以上かけて歩いていくのもなかなか楽しいものです。

早大生には「馬場歩き」と言われているらしい、この通学路。高田馬場駅から馬場口の交差点までの通り沿いに近年激増しているのが、日本風にアレンジされていない中国人料理人による中国各地の料理の「ガチ中華」の店、そして台湾ファストフードの店です。それぞれ店頭も中国、台湾の現地そのままのエスニック色豊かなもので、異国を訪ねたよう。

明治通りとの馬場口の交差点を過ぎると早稲田通り沿いには古書店が点在するようになり、だんだんと古書店街、学生街らしい街並みに変化していきます。

早稲田は村上春樹、角田光代、三浦しをん、綿矢りさ、朝井リョウなど数々の人気作家を輩出している大学。堀江敏幸、恩田陸も、学生時代はこの古書店街の愛用者だったということです。

このほか早稲田に来るには都電荒川線を利用することもできます。都電の終点である早稲田電停と早稲田キャンパスの間にあるのが大隈通り商店街。大正八年創業の老舗そば屋「金城庵」や、全国から集めたオーガニックの野菜や食材の店「こだわり商店」、都電沿線のあちこちに店がある定食屋「都電テーブル」などの店が並ぶ商店街を抜けると大隈講堂前に出るという道筋も、なかなか楽しいものです。

このほか、大学キャンパスを中心としたまち歩きを楽しめるところを、いくつかご紹介してみましょう。

明治大学駿河台キャンパス

超高層キャンパスのアカデミーコモン地階には、「明治大学博物館」、そして卒業生である作詞家の「阿久悠記念館」もあっていずれも入場無料。博物館の江戸時代や明治初期の刑罰に関する拷問、晒し首、磔などの展示には思わず見入ってしまい、考古学部門の石器、土器などの展示品も見応えがあります。

リバティタワー十七階の学生食堂「スカイラウンジ暁」は外部の利用も可能。見晴らしがよく、穴場の食事処です。

立教大学

池袋駅からちょっと離れているせいか、立教キャンパスのまわりには駅前とは異なる学生街の雰囲気があります。構内には、チャペル、校舎など一九一八〜二〇年頃に竣工したレンガ造の建築群が並び、英国聖公会のミッションスクールならではのトラディショナルな雰囲気を味わえます。そのレンガ造の建物の一つである第一食堂は学外者の利用も可能。大学の敷地に隣接する旧江戸川乱歩邸は二〇〇二年に立教大学の施設になり、一般にも公開されています（改修中。二〇二五年一月以降公開予定）。

この立教キャンパスから西池袋の住宅街を十分弱歩いていくと、フランク・ロイド・ライト設計で重要文化財にも指定されている「自由学園明日《みょうにち》館」があるので、こちらにもぜひ立ち寄ってみて。

東京藝術大学

上野公園のはずれに位置している藝大のキャンパスは、道を挟んで音楽学部と美術学部に分かれていて、それぞれの校風も違うらしい。

構内はさすが芸術の学校だけあって、由緒ありげな歴史的建物や、銅像、彫刻などが点在しています。東京藝術大学大学美術館は藝大卒業生の作品を多数収蔵しているほか、開催される企画展も充実。美術館建物の設計者は藝大建築学科出身の六角鬼丈です。

音楽学部キャンパス内にある本格的なコンサートホール「奏楽堂」では、藝大卒業生、学生、教員などが出演する演奏会が開かれ、音楽愛好者には穴場。

キャンパスの最寄駅はＪＲ上野駅か鶯谷駅、千代田線根津駅で、谷中や千駄木の街も近く。上野駅方面に戻らずに、谷根千まち歩きを楽しんでは。

東京農業大学

小田急線経堂駅か千歳船橋駅から徒歩十五分。世田谷の住宅街を歩いて行った先にある東京農大のキャンパス内には隈研吾設計の「『食と農』の博物館」があって、農業大学ならではの、醸造、土壌、世界各地の自然などに関する企画展や常設展、キツネザルやリクガメ、植物も育てられているバイオリウムが展開されています。入場無料。

ICU　国際基督教大学

三鷹駅からバスでアクセスする、自然豊かで広大なキャンパス内にあるのは大学の初代学長である湯浅八郎の記念館。戦後モダニズムの巨匠・前川國男設計の建物です。柳宗悦の民藝運動に共鳴し、湯浅が収集した世界各地の民藝品などが収蔵されています。

キャンパス内には、大学設立以前からこの地にあった実業家・山田敬亮《けいすけ》の別荘・

泰山荘が保存され、年に一度公開されています。江戸時代、明治時代の建物を移築した建物も含まれるこの建物内には、探検家で〝北海道〟という地名を名付けた松浦武四郎の築いた「一畳敷」の一室も移築。松浦武四郎が全国の九十もの寺社の古材を集めて組み上げたこの空間は、その自宅であった神田五軒町から移築を繰り返して現在地にもたらされた、一見の価値があるものです。

急坂を上っての神社詣では、地形散歩でもあり

神社の前を通りかかると、その鳥居の前で一礼していく人を見かけることがあります。「ああ、信心深い人なのだな」と感心することもあり、私も地元の神社前を通りかかる時などに見習おうと思うのですが、その習慣は未だ身についていません。

一時期野暮用で毎月京都に通っていたことがあり、その時に夢中になっていたのは仏像巡りとお寺などの庭園めぐり。お寺や神社にお参りすると、今ほど流行ってはいなかった御朱印をいただくのも常としていました。

その当時は神社にはそれほどの関心はなかったのですが、私のホームグラウンドである東京では、お寺より神社のほうに興味が湧きます。古来、お寺も神社も、建立された地形と関連が深いものですが、特に神社は、その立地に特色があることが多く、太古から信仰されてきたというイメージがあります。

街角で神社を見かけると、まずはその立地に注目します。岬のように切り立っている台地の突端、そして高台下の湧水が湧いているような場所、そんなところに鎮座している神社に私は惹かれ、そのほか、ふと曲がった小さな路地奥にあるお稲荷さんにも立ち寄ってみたくなります。参道が下り坂なのか上り坂なのか、そしてまた、急な参道階段上に本殿が鎮座している神社にも注目。私にとっての神社詣では、地形散歩でもあるようなのです。

愛宕神社参詣は、出世の石段を上って

江戸東京一の高さという自然の山地形、標高二十六メートルの愛宕《あたご》山上に祀られているのは「愛宕神社」。その本殿を詣でるには、角度が急な上、一段一段の幅も高さも微妙に異なる石段を用心深く上っていかなければなりません。三代将軍家光の前で、馬に乗ってこの石段を上り下りし、山上の梅の小枝を献上したことで馬術の名人とされた曲垣平九郎《まがきへいくろう》の故事により、「出世の石段」として広く知られているため、あえてこの石段を上っての参詣に挑戦している人も多いようです。

その脇にはいくらか緩やかな「女坂」と称される階段もあるのですが、私にとってはこちらの難所度も高く。それでも無理だという人には、車でアクセスすることのできる道路や、なんと、エレベーターという〝奥の手〟までが用意されています。

山上の愛宕さまは防火、防災の神さま。徳川家康により、慶長八（一六〇三）年に京都の愛宕神社から勧請されました。江戸時代は神社本殿から参道方面を眺めると、すぐ下に江戸前の海が広がっていたとか。その景色を描いた浮世絵や錦絵も数多く残っています。江戸から明治に世が移ろう頃、当時西洋から入ってきた写真で江戸の景観を撮影するには見晴らしのよい場所がよかろうと撮影場所に選ばれたのも、この愛宕山上でした。

今、愛宕山上から見えるのは、付近で開発された虎ノ門ヒルズや麻布台ヒルズの超高層ビル群。これだけ周辺の都市開発が進んでも、古くからの信仰の場であり山地形であるこの場所は江戸の昔から変わらず、これからも引き継がれていくのでしょう。神社やお寺は移転や遷座されていることもありますが、もともとの場所、地形にあることが、その正統性につながるように思われるもの。それが、山上に祀られ、そこに変わらずにあることが、私が山上の神社に惹きつけられる理由なのかもしれません。

エスカレーターでも到達できる、山王さまの本殿

赤坂見附と溜池交差点の間、背後には永田町の政治の街、山の下に赤坂の繁華街を見下ろしているのは、山王日枝神社です。

ここにお参りするには、外堀通りから参道階段を上っていくのが正攻法のように思えます。この階段脇に新たに上りエスカレーターが設けられた時は驚きましたが、二〇二一年には、さらに下り用エスカレーターが増設。階段の段数は百段以上もあり、特に年配の参拝者にとっては到達不可能なルートだと思えます。愛宕神社のエレベーターと同様、二十一世紀の山上の神社では、バリアフリーがスタンダードとなっているようです。

その参道階段を上りきったところから赤坂の街を眺めると、かなり見晴らしがよいのですが、ＴＢＳのＢｉｚタワー、元はホテルニュージャパンのあった場所に建つプルデンシャルタワー、首相官邸前の山王パークタワーと、ここでもまわり中を

超高層のオフィスビルが取り囲んでいます。しかし、この神社はそのビル群の中でも永遠にこの山上に存在し続けているはず。

山王神社には、家康の入府以前に太田道灌《どうかん》が江戸城を築いた時代、川越の日枝神社を江戸城鎮護のために勧請したという由緒があります。江戸幕府開府後に、城の拡張、火災により一六五九年に現在地に移転されたのだそうです。

ここ山王の地は江戸城の裏鬼門にあたり、表鬼門には神田神社（神田明神）があるのだとか。山王祭、神田祭とも、その祭礼の山車が江戸城の中にまで入っていくことを許されている天下祭り。両社は、江戸城の鬼門を封じる風水的な護りの役割を果たしてきたのだそうです。

本殿にお参り後その裏側に回ると、末社であるお稲荷さんの拝殿があり、その先に赤い鳥居や幟《のぼり》が賑々しく並んでいる参道が見えます。外国人観光客が何組も群がっていて、〝映える〟写真や動画を撮ろうとしているようです。そう言えば、この場所は伊丹十三《じゅうぞう》監督の映画「あげまん」にも登場し、主人公である赤坂芸者役の宮本信子がこの稲荷に詣でるシーンがありました。

この稲荷参道下の道沿いには、うなぎの名店「山の茶屋」があったはず。さらにその先はかつての「キャピトル東急ホテル」、現在は建て替わった「ザ・キャピトルホテル東急」だったはずです。以前何度かタクシーや徒歩でそこを通ったことがあり、都心の秘境のように静まりかえった雰囲気を好ましく思い、永田町から赤坂方面に向かう時などに、よく歩いていた道です。

稲荷参道下から山の茶屋へは結構な上り坂でしたが、くじけずに歩いていくと、老舗うなぎ屋はかつてのままの風情で存在していました。この山王下には昭和の頃まで何軒もの料亭があり、赤坂の花柳界から芸者さんを呼ぶこともできたそう。当時は赤坂から芸者さんを送迎する人力車の車溜まりがあったという話を、このあたりの料亭で修業時代を過ごした某老舗料理店のご主人に伺ったことがあります。

山王神社に隣り合う丘上は、魯山人が営んだ美食の店「星岡茶寮」のあった場所だそうです。その後、キャピトル東急ホテル（東京ヒルトンホテル）になったその一帯は、以前は日枝神社の敷地だったとか。

神社の東側は首相官邸、衆議院、参議院の議員会館、そして国会議事堂。歩いていると、テレビのニュースや新聞などで顔の知れた国会議員の姿を見かけることもあります。

永田町側の、現在は男坂と称されている参道階段は、江戸時代の表参道だったのだそうです。その石段の造りも、古い時代のものと思われる不揃いなものです。確かに江戸城側からアクセスするにはこちら側からになるはずで、数百年間この場所にあり続けている社も、その間にさまざまな変化を受け入れてきたということなのでしょう。

現在の表参道は外堀通り沿い。しかし、江戸時代は江戸城の外堀のこの場所には橋もかかっていなかったため、永田町側からしかアクセスすることはできなかったのです。

古から、神社の門前坂下には茶屋や岡場所が

江戸城の表鬼門、「神田神社」も都心の台地上にある神社です。ただし、ここの表参道は御茶ノ水駅前付近から続いている台地上にあり、背後がいきなり低地になっているという地形。ここから比較的近い湯島天神も、その境内裏の男坂、女坂を下りていくと、天神下には、料理屋、バー、ラブホテルなどが並ぶ歓楽街が広

神田神社も湯島天神も、その坂下では花柳界が栄えていた時代があり、今もその名残がなんとなく感じられます。江戸の昔から、寺社の門前や坂下で茶屋や岡場所が発展してきた歴史は、現在の東京の街を歩いていても読み取れるものなのです。

このほか、私がたびたび訪ねる高台の神社というと、西日暮里駅近くの「諏方《すわ》神社」。線路脇に切り立った崖上に鎮座し、西日暮里駅方面へと下りていく階段からの鉄道風景も絶好で、その階段から線路下のトンネルをくぐって西日暮里駅前に出ることができる道筋は、まるでダンジョンのようです。

この山手線、京浜東北線線路に沿った崖は縄文時代の海進期に造られた地形で、上野から赤羽まで続き、明治時代に東京と東北方面をつなぐ鉄道を建設する時に、その崖下に沿って線路を敷いたのだそうです。その崖地形は、崖下の線路沿いからよりも、高架線である東北新幹線の車内から眺めるとよくわかるので、私は新幹線に乗る時は進行方向左側に指定席を取り、この地形をじっくりと観察するのを毎度楽しみにしています。

崖沿いの各地には数多くの寺社が分布しているのですが、中でも圧巻なのは特に地形の高低差の激しい赤羽でしょう。線路沿い東側にはいくつもの切り立った台地があり、その頂上には神社やお寺が建立されています。このあたりには都内でも数少ない、「急傾斜地崩壊危険区域」に指定されている場所が何カ所か見られるほど。

その崖に沿って進んでいくとたどりつくのが「赤羽八幡神社」。参道の坂道を上りきった鳥居の間からは新幹線がこちらに向かって走ってくるのが見えて、鉄道マニア修行中である私は大いに興奮。この先で新幹線は山地形をトンネルで抜け、荒川を渡って東京都から埼玉県へ入っていくのです。

ひとり、水辺を訪ねて、心と精神を浄化する

満々と水をたたえた水面、清らかな水の流れ、湧き出る水を見つめていると、精神が清められていくような作用を感じます。心が洗われるとでもいうのでしょうか。

そんな水辺の風景を眺めるために、たまに訪れている場所が都内に何カ所かあります。その一つは赤羽の「旧岩淵水門」。荒川と隅田川が分かれる地点にあるこの水門を初めて訪ねたのは二十代はじめの頃。赤羽駅から徒歩三十分ほどもかかる場所にあるのですが、都内にもこんな憩いの水辺があるのかと驚き、まるで聖地であるかのようなインパクトを受けました。

その後何度も訪れているのは、この旧岩淵水門の水景に大きな魅力があり、心をリフレッシュしてくれる場所だと感じたからでしょう。私の友人には赤羽出身の女子が何人かいるのですが、皆地元である赤羽愛が強く、彼女たちは皆この水門の景

色推しです。

時折り訪ねてみたくなる水辺風景

旧岩淵水門は大正十三年築。歴史的な産業遺産で風格のあるもの。荒川と隅田川を分岐するために建設され、地域を水害から守ってきました。令和六年には国の重要文化財に指定され、以前から好きだったこの場所の価値が認められたようで嬉しく思ったものです。

この水門を最近久しぶりに訪ねたところ、以前はもっと赤色だった水門はオレンジ色がかった色に塗り替えられていて、ちょっと違和感を覚えましたが、少し下流側にある青色の新岩淵水門とのアンサンブルはまずまずで、相変わらずいい感じの景色だと、満足して帰ってきました。

旧岩淵水門沿いの橋を渡った先には小さな〝島〟があり、ここは「水門公園」と名付けられ、巨樹が何本もそびえていてやさしい木陰を作ってくれています。島の中ほどに建立されているのが「草刈の碑」。昭和十三年から、この川の両岸で開催

赤羽、旧岩淵水門のまわりにはゆったりとした川景色が広がっている

された全日本草刈選手権大会に関して建立された記念碑で「農民魂は先づ草刈から」と刻まれています。なんだかインパクトのある碑文ですが、昭和戦前における農業、草刈がいかに重要な産業、労働だったかが伝わってくるようです。草刈大会時には、全国から予選を勝ち抜いた選手たちが、川の両岸で一斉に草を刈り壮観だったと記されていて、迫力を感じます。

対岸は埼玉県。川口の街にはタワーマンションが並んでいます。雑草の生えた急斜面を下りてゆくと川の水面ギリギリまで近づくことができて、そこで釣りをしている人もいます。ここは周辺住民の憩いの場にもなっているようで、犬の散歩をしている人や、自転車に乗ってきた中学生のグループ、初々しい高校生カップルなども見かけました。

水門から雄大な景色を眺めてすっかり浄化された気分に。赤羽駅へと帰る途中、川の近くには「八雲神社」という立派な社があり、境内には水神社も祀られていました。この付近はかつての岩槻街道の宿場・岩淵宿で、街道沿いだったあたりには今も寺社が点在しています。

以前からこの付近に来ると必ず立ち寄っていたのは東京二十三区内唯一の造り酒屋だった小山酒造。初めて訪ねた昭和末の頃には、道沿いに水道蛇口が設えられ、その脇には「一口飲んで元気をつけて」と記され、この酒蔵で仕込み水に使われている井戸水を飲むことができました。その小山酒造も二〇一八年に廃業。赤羽の名所、名物が一つ失われたのは寂しいことです。

このあたりから赤羽駅に向かっていくと街は徐々ににぎやかになっていきます。駅近くには「一番街」などいくつもの飲み屋街があり、ここを通れば生ビールかハイボールの一杯でも飲んでいきたくなる雰囲気。赤羽は千円もあれば酔える「せんべろ酒場」の本場なので、さらなる深酒も可能。荒川、隅田川沿いが工業地帯でその工員さんたちが一杯やる場所として繁盛してきたという歴史のある飲み屋街で、夜勤明けの人が朝から飲めるという伝統を受け継いでいる店が今もあります。

神さまが宿る池は、やはり神秘的

一時期、〝池〟に興味を持ち、東京のあちこちを訪ね歩いていたことがあります。池にも、庭園や農業用の溜池など人の手によって掘られたものと、自然にできたものがあり、私が追求していたのは断然後者。

中でも吉祥寺・井の頭公園の井の頭池、杉並・善福寺公園の善福寺池、練馬・石神井公園の三宝寺池・石神井池は、それぞれ神田川、善福寺川、石神井川の水源であり、武蔵野三大湧水地とされています。市街地化によってどこも現在は水量が減り、降水量が多い時期に水が湧き出すことがある程度になっているそうですが、それぞれの池を訪ねると、その満々とした水面を見て豊かな気持ちになるものです。池のほとりに弁財天や、蛇のような姿の宇賀神さまが祀られていることにもありがたさを感じます。

善福寺池の上の池にある直径二十メートルほどの島には、昭和二十四年まで雨乞いの行事が行われていた市杵嶋《いちきしま》神社があり、今でも年に一度例大祭が行われているとか。昭和二十年代はこのあたりが農耕地帯だったことを知って驚き、赤羽旧岩淵水門の草刈の碑もそうですが、高度経済成長期以前までは日本がまだ農業国だったことを再認識するのでした。

東京の東、京成本線の京成高砂駅から五分ほど歩いていった中川沿いにあるのが「怪無池《けなしいけ》」。この場所を見つけたのは、中川沿いに線路が続いているJRの新金《しんきん》貨物線に日に何度か走ってくる貨物列車の写真を撮りにいった時でした。

水面には水草が浮いていて、水は濁り、池というより沼のようですが、怪無池といういわくありげな名前と、そのほとりにある青龍神社の存在のためか、ここは神の宿る水辺なのだと納得します。池は中川が決壊した時にできたものだそうですが、今も水が涸れることはないのだとか。

池のすぐ近くは中川の土手。中川は、都内東部の荒川と江戸川の間に流れている結構大きな川です。怪無池のあるあたりから少し下流で、中川は新中川と分岐し、その水景は、昭和戦前から戦後にかけての新中川開削の大工事で完成したものだそうです。大きな川が分岐する雄大な水景は、京成高砂の隣り駅、青砥《あおと》駅の三階ホームからよく見えるので、私はこの駅を利用する時は、ホーム下り方向まで歩いて、この分岐点を眺めるのを楽しみにしています。

荒川、多摩川の河川敷の楽しみ方

東京の東側を走る鉄道、JR総武線や常磐線、京成線、東武スカイツリーラインなどはどの路線も、隅田川、荒川、中川、江戸川などを鉄橋で渡っていきますが、その水景はどれも爽やかで味わい深いもの。一時期、鉄道写真を熱心に撮っていた頃、この鉄橋のできるだけ近くからの走行風景を撮りたいと、駅から延々と川辺まで歩き、土手から川の水面近くまで行って、鉄橋下から列車がやってくるのを待ち構えていたことがありました。

その時初めて、土手沿いの道から草の生えている川原を下りて、広い河川敷を歩いていくと、川の水面までも自由に近づけることを知ったのです。いつも電車の車窓から眺めていた川の水面が、自分の目の前でチャプチャプと音をたてて岸に打ち寄せている。新たに発見したそんなことに感動して、私はそれ以来時々、荒川などの川辺を訪ねていくようになりました。

鉄道が通過すると、古い鉄橋下ではその轟音がすごく、当初はただただ驚いていましたが、やがてその轟音はこの場所で自分しか体験できない、精神を浄化してくれる作用があると思えてくるように。今思うと、この時期の私はかなり鉄道マニア度が深まっていたのかもしれません。

隅田川、神田川など都心の川は護岸がコンクリート舗装されているのですが、荒川、多摩川などの雑草に覆われ、雨が降るとぬかるみになってしまうような河川敷は水景の魅力に満ちています。

そして多摩地域にも、私が生命力を感じる水の風景が数多くあります。中央線の日野駅付近の多摩川の河岸段丘の地形を歩いた時には、段丘下のあちこちで湧水をいくつも見つけ、街中には満々とした用水が流れていて、水の豊かさを感じたものです。

同じ中央線の小金井や国分寺あたりも〝ハケ〟と言われる崖地形の下に湧水が流れる、清らかな景色があり。その流れ付近には、雑木林があったり、地元野菜の直売所が設けられていたり。武蔵野、多摩地域ではまだまだ自然の湧水、地下水、川や用水の流れが生活と密接な存在であるようです。

雄大な川の流れ、満々と水をたたえた池、湧き出る泉などは、私の身近なパワースポットで、偶然見つけたものがほとんどです。私は日々そんな場所との出会いを期待しつつ、この街をさまよっているのかもしれません。

おわりに

東京生まれ、東京育ちの私ですが、今思うと、雑誌「東京人」の編集者になるまで、本当に東京の一部しか知らない人生を送ってきたことを実感します。両親ともが外出好きだったので、子どもの頃からいろいろなところに連れていってもらったという思い出はありますが、それも今考えると東京のほんの一部。

人の行動範囲は自分の家、親戚、学校、友人、職場関連などに限られ、この巨大でつかみどころがなく、しょっちゅう変化している都市・東京を制覇することなど無理なのです。

しかし、東京を歩いて、ふだんの行動範囲以外の場所に行ってみるのは、ちょっとした旅のように楽しいもの。巨大都市・東京の、知らない街を散歩することは、どこか遠くに旅に行く体験のようなものなのです。

コロナ禍を経て、ひとり旅、ソロキャンプなど、いわゆる〝ソロ活〟が広がったとされていますが、ひとり散歩もその一ジャンルに入るものなのでしょうか。

散歩はそもそも〝ひとり〟が基本と思っていましたが、この本を執筆することで、そのノウハウや、コースを考えてみて、改めて、〝ひとり〟でなければ散歩は本当に楽しめないのではという思いを強くしました。

自由に、自分がどこに行って何をしたいかが実現できるのが〝ひとり散歩〟。自分もそうですが、一人世帯、シングル化が進む社会で、ひとり散歩は、まち歩きの方法として行き着くスタイルだと思います。

そして、ひとりで歩くことで得られるようになる〝散歩力〟は、誰かとともに出かける時にも役立つもの。

ひとりで行動することで、自分の生活をもっと楽しみ、この東京を深く知ることができるはずです。

二〇二四年九月

鈴木伸子

主要参考文献

『あゝ新宿――スペクタクルとしての都市』図録
早稲田大学坪内博士記念博物館　2016
『琥珀色の記憶～新宿の喫茶店』図録　新宿歴史博物館　2000
『今日ものんびり　都電荒川線』武相高校鉄道研究同好会編著
竹内書店新社　1999
『図説　日本の鉄道　東海道ライン　全線・全駅・全配線　第1巻
東京駅―横浜エリア』川島令三　講談社　2009
『東京風土図　城南・城西編』サンケイ新聞社編　社会思想社　1966
『東京味のグランプリ200』山本益博　講談社　1982
『孤独のグルメ』原作 久住昌之×作画 谷口ジロー　扶桑社文庫　2000
『三四郎』夏目漱石　岩波文庫　1984

『荷風随筆集（上）』野口富士男編　岩波文庫　1986
『荷風と東京』川本三郎　都市出版　1996
『わが荷風』野口富士男　中公文庫　1984
『日和下駄とスニーカー』大竹昭子　洋泉社　2012
『荷風全集』第二十九巻　岩波書店　1974
『向田邦子　暮しの愉しみ』向田邦子、向田和子　新潮社　2003
『向田邦子　ふたたび』文藝春秋編　1986
『向田邦子を旅する』マガジンハウス　2000
『男どき女どき』向田邦子　新潮文庫　1985
『太陽の地図帖　東京凸凹地形案内』平凡社　2012

本作品は当文庫のための書き下ろしです。

鈴木伸子　すずき のぶこ

1964年東京生まれ。東京女子大学卒業後、雑誌「東京人」編集室勤務。1997年より副編集長、2010年退社。

都市、建築、鉄道、まち歩き、食べ歩きなどをテーマに執筆活動を行う。

著書に『わたしの東京風景』『中央線をゆく、大人の町歩き』『グッとくる鉄道』『シブいビル』など、多数。

読んで旅する
よんたび

大人《おとな》の東京《とうきょう》ひとり散歩《さんぽ》
いつもの街《まち》をもっと楽《たの》しむ

著者　鈴木伸子《すずきのぶこ》

2024年11月15日　第1刷発行
2025年5月31日　第7刷発行

発行者　佐藤 靖
発行所　大和《だいわ》書房
東京都文京区関口1-33-4
電話 03-3203-4511

フォーマットデザイン　吉村 亮（Yoshi-des.）
本文デザイン　アルビレオ
本文イラスト　naohiga
本文写真　鈴木伸子
本文DTP・地図作成　朝日メディアインターナショナル
本文印刷　光邦
カバー印刷　山一印刷
製本　ナショナル製本

ISBN978-4-479-32110-1
乱丁本・落丁本はお取り替えいたします
https://www.daiwashobo.co.jp

本書に記載されている情報は2024年9月末時点のものです。

だいわ文庫の好評既刊

阿川佐和子 他
おいしいアンソロジー おやつ
甘いもので、ひとやすみ
見ても食べても思わず顔がほころぶ、おやつについての43篇のアンソロジー。古今東西の作家たちが、それぞれの偏愛をつづりました。
800円
459-1 D

阿川佐和子 他
おいしいアンソロジー お弁当
ふたをあける楽しみ。
お弁当の数だけ物語がある。日本を代表する文筆家の面々による44篇のアンソロジー。幕の内弁当のように、楽しくおいしい1冊です。
800円
459-2 D

阿川佐和子 他
おいしいアンソロジー ビール
今日もゴクゴク、喉がなる
44人の作家陣による、ビールにまつわるエッセイ集。家でのくつろぎのひとときや、新幹線や飛行機での移動中に読みたい一冊です。
800円
459-3 D

阿川佐和子 他
おいしいアンソロジー 喫茶店
少しだけ、私だけの時間
「喫茶店」アンソロジー。お気に入りの喫茶店で時間をつぶす贅沢、喫茶店での私の決まり事、ふと思い出すあの店構え、メニューなど。
800円
459-4 D

*岩槻秀明
散歩の草花図鑑
子どもに教えてあげられる
道端に咲く「この花、なあに?」にこたえられるポケットサイズの草花辞典。オールカラーでわかりやすい!
900円
020-J

*岩槻秀明
身近な樹木図鑑
子どもに教えてあげられる
道でいつも見かける木がありませんか? なじみ深い街路樹にも意外な由来があります。200種類以上の樹を豊富な写真で紹介。
800円
031-J

*印は書き下ろし

表示価格はすべて本体価格(税別)です。本体価格は変更することがあります。